為何三歲開始說謊？

探究心智起源，
解開0—15歲孩子的大腦與行為之謎

腦科學權威科普作家
謝伯讓——著

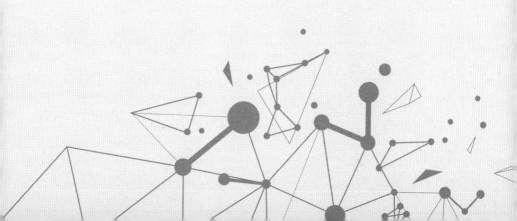

獻給母親、家人，
所有的雙親與孩子、以及曾為赤子的你。

目次

Chapter 2

為何嬰兒喜歡盯著人臉看？
——心智理論能力

探討心智理論能力的聰明豆測試

rTPJ 腦區——負責人類的心智理論能力

刺激 rTPJ 腦區，會改變人類心智理論能力判斷結果

五歲孩童可以臆測他人心思

為什麼五歲才能展現心智理論能力？

心智理論能力隨年齡增長逐步發展

心智理論能力是天生帶來或後天習得？

猴子天生愛看臉

人類也是天生愛看臉

人腦就像多功能的瑞士刀／大腦梭狀迴臉孔區負責臉孔辨識

嬰兒腦已有特化的臉孔腦區和景象腦區

兒腦造影研究的醫學展望與應用價值

Chapter 11

青少年的衝動叛逆，其實是為了降低社交風險？

——「追求風險」與「感覺追尋」

推薦序

以科學、系統性的觀點看待孩子的成長

蔡宇哲／哇賽心理學創辦人兼總編輯

不少人對教養書的看法多是：「要教我用具體方法來幫助孩子。」這種應用類型的書固然好，但其實我也很愛看科普書。謝伯讓老師的文筆洗練，將與發展相關的腦科學娓娓道來，就像一本故事書般引人入勝。閱畢除了可以增長知識外，還能夠領悟到兩點益處。

首先，有次我在社群上發文，說當我看著孩子一天天長大，等於同時也可以開心的印證發展心理學的內容。有一些朋友調侃道，說我這樣是「職業病」、拿孩子來對照專業真不浪漫。但仔細想想，我們已將自己日常生活中可以說話、想法、同理、決策等人類的高階心智能力視為理所當然的存在，很少去思考「為什麼？」以及「究竟是何時發展出這些能力？」等問題，對此幾乎可說是一無所知。我覺得可以從科學、系統性的觀點來看待孩子的成長，除了是一種學習以外，也是一種回顧自己生命歷程的崇敬，這是第一個益處。

還有一次，我發文談到，市面上有些產品標榜讓孩子用右腦學習英文，宣稱這樣會比較輕鬆。對此，我很不以為然的說道：「人的語言區在左腦，卻要孩子用右腦學英文？根本是無稽之談！」有朋友看了就問我，市面上充斥眾多標榜「右腦開發」或者「全腦開發」等旨在「讓孩子不要輸在起跑點」的產品，該怎麼判斷真偽？其中到底有沒有理論根據？說真的，面對五花八門的產品與天花亂墜的文案，唯有自己先具備一定程度的知識才行。而本書具有這種能讓家長「以不變應萬變」的能力，是我認為的第二個益處。

「我是當了爸爸以後，才開始學習如何當爸爸的」，這句台詞用在每個家長身上都十分貼切。常有人說現代人養小孩很辛苦，不能隨便亂養，並且需要學習很多新的知識。但我並不覺得養育孩子是件辛苦事，因為當我一路看著孩子的成長過程，難免會想起自己的小時候，進而對父母過去的辛勞萌生感恩之意。此外，也會感謝過去的自己、更珍惜現在的生活。

「教養」這件事，除了需要感性之外，理性也是不可或缺的要素。透過科學知識，可以讓我們察覺某些看似傳統、直覺的方法其實錯漏百出，如「體罰」就是一個顯著的例子。讀了這本書不僅能使人對自己、孩子的發展都有正確的了解，也可以讓成人擁有正面的觀點，去對待孩子在成長過程中的各種行為。

好評推薦

透過腦科學的研究，人類真的可以更了解自己嗎？才在幾年前，腦科學研究才為我們帶來關於記憶與情感的全新視野，無論是安東尼歐．達馬吉歐（**Antonio Damasio**）對「情緒主導理性」的論述，或理察．戴維斯對大腦側化（**handedness**）的情緒研究，很難不讓我們為之著迷。

這也讓讀者們意識到，腦科學研究已經拓展至認知行為神經科學領域，甚至涉進社會、心理與文化研究的範疇。透過伯讓的文字，除了讓我們更深入淺出於腦科學對「發展」與「認知」的新發現，也進一步領悟王爾德說過的：「對我而言，生命的任何理論，都無法與生命本身相比擬。」

謝哲青／作家、知名節目主持人

好評推薦

謝老師這本書，是這幾年在教育類書籍中，最讓我覺得兼具深度跟趣味、引人入勝的好書！

到底在不同年紀的孩子，會有什麼樣的能力？會有什麼樣的特質？對於家長或是教育工作者而言，這是很重要的學習課題。知道在不同年紀的孩子的能力與特質，才能讓我們因材施教，也避免家長揠苗助長或是錯誤的理解孩子行為原因。

舉例來說，兩歲以前的孩子有邏輯能力嗎？嬰幼兒有善惡的觀念嗎？還是他們是現實的利益主義者？青春期孩子的冒險行為背後的真正原因又是什麼呢？謝老師書中所探討的這些問題，對家長、對老師而言，都極其有意思，也都應該要了解。但這本書最寶貴的是，謝老師如數家珍地將過去數十年來全球學者在驗證這些問題所做過的研究與實驗，以深入淺出地方式講給讀者聽。在謝老師的筆下，每個實驗都好有趣！

想想看，心理學家是怎麼設計實驗去測試嬰兒有沒有善惡的觀念？又是怎麼實驗出嬰兒有沒有邏輯推理的能力？謝老師的書讓我忍不住一直往下看下去，很想要知道這些厲害的心理學家的實驗設計、結果與結論。看著看著，每每都讓我拍案叫絕！

身為一個作者，我深知要寫出這樣又有深度、又引人入勝的好書，真的很不容易。要像謝老師學富五車又善於教人，才能寫出這樣的好書。看完這本書，你將會對不同年齡的孩子的能力、行為、特質更加地了解。如果您是家長，或是老師，千萬不要錯過謝老師這本好書！

葉丙成／台大教授、PaGamO創辦人

作者序

赤子初心

二〇一四年，我正在籌劃撰寫自己的第一本大腦科普書。很多人都不知道，當時的書寫計畫，其實是要出版一本「大腦育兒教養書」。為什麼是教養書呢？原因很簡單，因為當年我的兒子剛出生，如果能夠搭配自身的大腦科學專業和教養經驗，來撰寫一本大腦育兒教養書，那應該很能夠引起共鳴才對。

不過這項計畫很快就遭遇瓶頸。一來是和教養有關的發展與教育心理學並非我的研究專業領域，因此收集資料頗費心力和時間。二來是我在親身執行「教養」這件事時，可以說是四處碰壁。先前從不曾養兒育女的我，原本以為教養何難之有？教養不就是左手蘿蔔右手棒子，獎懲雙管齊下，娃兒豈有不從之理？

沒想到的是，當自己親上育兒戰場時，光是我們家的一個三歲小孩，就硬是把我踹下馬來，摔得一敗塗地。除了教養本身執行艱難之外，教養方式的衝突更是導致夫妻失和與自我懷疑。我過去曾經一度認為自己只有理性而無情緒，沒想到在教養孩子時，才知道自己原來也有滿腹不耐與怒火，顯然過去只是欠缺魔（孩）考而已。

就這樣，我的大腦育兒教養書「滿疾而終」。不過，我也因禍得福，得以專注在我的腦科學專業領域，出版了《都是大腦搞的鬼》與《大腦簡史》這兩本大腦科普書。

有趣的是，七年過後，大腦育兒教養書的陰魂捲土重來。二〇二一年，親子天下的逸竹、佩芬和川惠和我多次談論了出版大腦育兒教養書的可能性。雖然這一次，我已不再是當年不知天（孩）高地（童）厚的教養新手，但是在教養過程中跌得鼻青臉腫的我，也明白表達了我確實不是育兒教養專家。如果要找的是

「育兒教養挫敗專家」，那我說不定還可以試試。

既然吾非育兒教養專家，那這本書要和大家分享的內容是什麼呢？這本書，其實是我在過去多年的教養和學習過程中，透過同時觀察孩童與對照發展心理學文獻後所記錄撰寫出來的科學故事。人類的複雜心智，是如何從零歲的大腦中逐步萌發？嬰兒如何習得語言？知識與概念是先天帶來還是後天習得？孩童是否能推敲人心與進行道德判斷？孩子的本性是善還是惡？關鍵期與神經細胞新生如何影響學習？青少年的大腦與心智如何變化？人類的意識本質究竟為何？科學家又是如何抽絲剝繭的解開其中的謎團？這些和心智起源有關的重要問題，就是這本書的探索核心。

在科學理論與實驗的引領之下，我們將有機會藉由理解心智與大腦的發展歷程，去明白孩童的內心世界，透過這樣的方式，我們也才能夠擁有足夠的知識，去評斷各種教養方式的優劣對錯，從而避開人云亦云的盲從陷阱。對於毋須操心教養的讀者來說，理解心智與大腦，也有助於讓我們更加了解自己與面對未來。

心智能力與心靈現象，是科學的最後疆界。在這本書中，我將扮演「知識引路人」的角色，帶領大家一窺人類心智起源的祕密。

Chapter 1

天生就有數感？——基礎認知能力

一歲前已經具備基礎認知能力，
不僅擁有數學概念，而且可以邏輯推論。

人類天生如白板？那只不過是極權主義的夢想。

（The doctrine of the blank slate…is a totalitarian's dream.）

——史蒂芬・亞瑟・平克（Steven Arthur Pinker）

一九九六年，我的大學一年級課程剛結束，於是決定和心理系好友在暑假期間前往歐洲自助旅行。在這趟兩個月的旅程中，經歷了許多特殊的人生體驗，包括德國露宿街頭、誤入黑幫地盤、荷蘭初嘗致幻食物、協助好友追尋異國戀情等，著實令人難忘。其中特別值得一提的，就是尋找心理學家尚・皮亞傑（**Jean Piaget**）的遺跡。

當時為了節省旅費，所以買了歐洲列車的月票，幾乎所有歐洲火車班次都可以無限搭乘。除了無限搭乘列車（不是搭乘無限列車），還有一個優點，就是可以乘坐長途夜車節省旅館住宿費用，在火車上一覺到天明後，下車就會見到另一個風貌截然不同的國家與城市。

某日，我隨機乘坐夜車，來到了瑞士的日內瓦。攤開旅遊手冊上的地圖，一個熟悉的名字映入眼簾：皮亞傑。雖然當時我才大一，但是已經篤定要研究人類心智，自然對這位心理學教科書上的神級人物也不陌生。這位向來「只聞其言，不見其人」的瑞士發展心理學大師，竟然在日內瓦有個紀念館？在好奇心的驅使下，我徒步走過隆河上的大橋，來到地圖上標示著皮亞傑頭像的位置。定眼仔細一看，才知道這不是紀念館，而是日內瓦的名人公墓（**Cimetière des Rois**）。這個墓園就像是瑞士的英雄塚，裡面埋葬許多赫赫有名的人物，只有瑞士政府認可他們對國家的貢獻，才能允許入葬。然而逛遍了整個墓園，我見到了十六世紀的基督新教改革家約翰・加爾文（**John Calvin**）、近代阿根廷文豪豪爾赫・路易斯·波赫士（Jorge Luis Borges），以及許多不認識的墓碑，唯獨不見皮亞傑的名字。幾經詢問，終於被指引來到皮亞傑的墓前。原來，皮亞傑的墓沒有立碑，也沒有任何解說文字，甚至已經坍塌幾乎和草地融為一體，唯一可見的標記，就只有後人在旁豎立的編號牌，上面寫著數字「395」。

找不到皮亞傑的實體墓碑，讓人感到有些惆悵。不過，如果一個人的思想與著作，已經透過文字在虛擬的思想世界名留青史，那麼即使沒有留下實體的紀念墓碑，或許也已無憾。

這位皮亞傑，究竟何許人也？

皮亞傑的孩童認知發展四階段

皮亞傑，活躍於二〇至八〇年代的瑞士心理學家、一九八〇年過世，是當代最知名的發展心理學家。二〇〇一年美國心理學會（American Psychological Association）的會員投票調查「二十世紀最有影響力的心理學家」，皮亞傑獲選為第二名，僅次於行為主義大師史金納（**B. F. Skinner**）。就連阿爾伯特・愛因斯坦（**Albert Einstein**）都曾經稱讚皮亞傑，說他的理論和發現是「天才之作」。

為何說皮亞傑的發現是「天才之作」呢？這是因為皮亞傑革新了前人對孩童認知能力的錯誤看法。在皮亞傑之前，社會上普遍認為孩童就是具體而微的「小大人」。例如：一九六〇年出版法國歷史學家菲利普・埃里耶斯（**Philippe Ariès**）的名著《童年的世紀》（*Centuries of Childhood*），書中考察了中世紀以前的藝術和文學紀錄，發現當時的孩童在六、七歲左右就會被送去當童工學徒，當成是「縮小版的大人」看待。埃里耶斯認為，中世紀以前根本不存在所謂的「童年」。

這樣的情況，一直到一五〇〇年左右才稍有變化。當時，由於歐洲商業興盛、印刷術普及，知識型的白領階級（商人、會計、律師、記者與書記官員等）興起，這些新興的中產階級發現，透過教育孩童識字、書寫和數學，可以有效複製自身階級以延續家族利益。因此，學校數量與教育需求在十六世紀以後逐漸增加，家長也開始延緩孩童進入職場的時間，不再把他們視為「小大人」，而是「未來的大人」。

雖然眾人對孩童的觀點已經稍有改變，但當時仍普遍存在對孩童的誤解，誤認為孩童已經具備和大人一樣的「能力」，只是缺乏經驗和知識。因此，學校自然成為了提供經驗和知識的地方：一個能夠有效灌輸知識經驗，好讓孩童迅速變成大人的地方。

這樣的誤解，經過皮亞傑的研究和觀察，終於受到挑戰和修正。皮亞傑的著名學說，破除了「孩童的認知能力和大人相同」的錯誤觀念。他認為，孩童會依序經歷四個由簡入繁的認知發展階段，分別是：

零歲至二歲的「感覺運動期」（透過運動和感覺來獲取經驗）

二歲至七歲的「前運思期」（能使用符號和語言，但不具邏輯）

七歲至十一歲的「具體運思期」（能具體邏輯思考，但無法抽象推理）

十一歲至十六歲的「形式運思期」（可進行抽象的推理思考）。

皮亞傑的學說，讓世人對孩童的認知發展歷程全然改觀，並且對後來的心理學產生巨大影響。在行為主義和精神分析當道的二十世紀中期，皮亞傑走出不同的道路，不但開創出兒童發展心理學，更為日後的認知科學革命做出貢獻。

不過，皮亞傑的理論並不全然正確！

嬰兒也會「習以為常」

歷史總是會不斷自動修正，科學亦然。在皮亞傑理論叱吒風雲的六〇年代，世人普遍以為零歲至二歲的嬰幼兒不具備理性邏輯思考能力，甚至還有可能是完全不帶任何知識與概念的白板。皮亞傑認為，具體的邏輯思考能力要在七歲以後才會出現，而抽象的思考能力更要十一歲以後才會發展完成。然而，到了七〇年代，皮亞傑的理論可謂招式已老。在新興的發展心理學界，一些嶄新的實驗想法開始悄悄醞釀，準備挑戰皮亞傑的理論，即將再次顛覆世人的看法。

由於嬰兒不會說話，科學家無法直接詢問他們是否擁有某些概念和知識，因此皮亞傑「零歲至二歲嬰兒不具備邏輯思考能力」的理論在一開始幾乎沒有受到檢驗和挑戰。然而七〇年代開始，嬰兒研究的方法學出現了新的變化，導致原本窒礙難行的嬰兒行為測量出現了革命性的發展。

一九六四年，美國發展心理學家羅伯特．芬茲（**Robert Fantz**）率先開創出新的行為實驗典範：習慣化派典（**habituation**）。簡單來說，「習慣化」的現象就是「習以為常」，亦即「如入芝蘭之室，久而不聞其香」。也就是說，當某事物重複出現時，我們就會對它逐漸失去知覺敏銳度和興趣。而芬茲的重要發現就是，不僅大人會對重複出現的事物習以為常，嬰兒也是如此。更重要的是，我們可以透過測量嬰兒對某物品的凝視時間，來推測他是否已經對某事物失去興趣。

在芬茲的實驗中，嬰兒眼前左右兩側會各自出現一串圖片。其中一串，所有的圖片都一樣；另外一串，則是完全不同的圖片。結果發現，嬰兒偏好看向不斷變化的那一串圖片，而且隨著時間經過，嬰兒會對沒有變化的那串圖片逐漸失去興趣，並且對不斷變化的那串圖片有愈來愈長的注視時間。雖然這項實驗非常簡單，結果也看似理所當然，卻是科學家首次以習慣化派典的實驗方式，在嬰兒身上取得量化的資料[1]。

很快的，這項結果獲得矚目，並且引起廣大迴響。心理學家紛紛改良芬茲的實驗方法，檢視嬰兒是否具有某些基本的物理概念，最典型的做法，就是觀察嬰兒在看到不合理的物理事件時，會不會出現較多、較久的凝視。其中最具代表性的人物，就是美國哈佛大學（Harvard University）的心理學家伊莉莎白・史貝爾基（Elizabeth Spelke）。

五個月大的嬰兒明白物體不會憑空消失

史貝爾基是我相當熟悉的心理學前輩，當年我在美國新英格蘭地區求學時，經常在哈佛大學心理系的演講場合遇見她。雖然我不曾念過哈佛，但是由於我在美國達特茅斯學院（Dartmouth College）的博士班指導老師謝路德（Peter Tse）畢業於哈佛的視覺實驗室（Harvard Vision Sciences Lab），因此該實驗室的兩位師祖中山健（Ken Nakayama）和克瓦那（Patrick Cavanagh），理所當然成為我求學過程中的重要導師。當時我常常有機會前往哈佛大學和兩位導師討論，有時在演講和社交場合就會見到史貝爾基。

史貝爾基可以說是新皮亞傑學派的頭號代表，她的嬰兒認知經典實驗不勝枚舉。例如在一九八〇年代，史貝爾基與她的博士後研究員芮妮·巴亞爾容（Renée Baillargeon，曾任教於美國伊利諾大學）就曾經透過測量嬰兒的凝視時間，來觀察嬰兒是否擁有「物體恆存」（object permanence）的概念。

所謂的「物體恆存」概念，就是能夠明白當眼前的物體被暫時遮蔽（例如閉上眼睛，或以板子遮住）時，該物體其實仍然存在，而非憑空消失。這樣的「物體恆存」概念，對大人來說天經地義，但是嬰幼兒是否也有這樣的概念呢？皮亞傑主張，嬰兒要到九個月大才會發展出這樣的概念，因為當年他透過觀察發現，當嬰兒喜歡的玩具被布簾或板子遮住時，只有年齡大於九個月的嬰兒才懂得掀開布簾或板子尋找玩具，不足九個月大的嬰兒並不會出現這樣的舉動。

針對皮亞傑的發現和主張，史貝爾基和巴亞爾容深感不然。她們懷疑，不足九個月大的嬰兒之所以沒有掀開布簾或板子尋找玩具，可能不是因為沒有「物體恆存」概念，而是他們的動作能力尚未發展完全，所以才無法順利做出協調的手腳等部位的身體動作尋找玩具。史貝爾基和巴亞爾容猜想，若真如她們所料，那麼採用習慣化派典的方式去測量嬰兒的凝視時間或許結果就會不同，也或許就有機會發現隱藏在嬰兒心中的「物體恆存」概念。

果然，在一九八五年的一項實驗中，史貝爾基和巴亞爾容發現，當五個月大的嬰兒看到眼前物體被短暫遮蔽後突然憑空消失時，他們會花比較長的時間去注視。她們根據此結果推論，五個月大的嬰兒應該已經擁有「物體恆存」概念。皮亞傑的理論，也因此受到挑戰和修正。

嬰幼兒的核心知識

八〇年代、九〇年代，採用習慣化派典的嬰兒認知能力研究如雨後春筍般出現。史貝爾基認為，嬰幼兒的這些初步概念、認知能力，或者稱為核心知識（core knowledge），可以依照對象至少分成四類：物體、數字、形狀和地理空間（Spelke, 1994; Spekle and Kinzler, 2007）。

對物體的認知能力

目前心理學家了解最多的，是嬰兒對於物體的核心知識。剛剛介紹過的「物體恆存」概念，就屬於這類型的核心知識。此類型的核心知識概念還包括：嬰兒知道物體在沒有支撐的情況會下墜、物體在運動時會維持凝聚狀態（例如物體在運動時不會無故一分為二）、物體占有空間、同一個物體不會同時出現在兩個不同位置，以及兩個物體不能隔空互動等（Hespos and vanMarle, 2012）。

數學概念與簡單加減運算

嬰兒具備的另一項有趣核心知識，是數學概念。一九九二年，美國心理學家凱倫・薇恩（**Karen Wynn**，現為耶魯大學心理系名譽教授）發現，五個月大的嬰兒已擁有簡單的加減運算概念。實驗中，嬰兒的眼前會先出現一個物體，隨後以屏風遮住，接著實驗人員會把另外一個物體也放到屏風後面。最後當屏風被移除時，如果只有出現一個物體（意料之外），而非兩個物體（意料之中），嬰兒就會有較久的注視時間。由此可以推論，嬰兒應該可以預期「**1 ＋ 1 ＝ 2**」。另一個情境，嬰兒的眼前會先出現兩個物體，隨後被屏風遮住，接著實驗人員把一個物體從屏風後拿走。最後當屏風被移除時，如果出現兩個物體（意料之外），而非一個物體（意料之中），嬰兒就會有較久的注視時間。由此可知，嬰兒應該可以預期「**2 － 1 ＝ 1**」。根據這兩項實驗觀察結果，薇恩推論五個月大的嬰兒應該已經具備簡單的加減運算概念（**Wynn, 1992**）。

數量概念與數感敏銳度

除了簡單的數字加減運算，嬰兒對較大的數字也有數量的概念。二〇〇〇年，現任教於美國加利福尼亞大學（**University of California**）柏克萊分校的徐緋（**Fei Xu**）和史貝爾基發現，六個月大的嬰兒已經擁有簡單的數感（**number sense**）。實驗中，嬰兒眼前左右兩側會各自出現一連串表示數量的點狀圖，其中一串點狀圖顯示的數量固定，另外一串點狀圖顯示的數量則是不斷改變。結果發現，嬰兒對於數量不斷改變的點狀圖有較高的興趣，顯示六個月大的嬰兒已經擁有簡單的數量概念。二〇一三年，當時任教於杜克大學（**Duke University**）的伊莉莎白・布萊儂（**Elizabeth Brannon**，現為美國賓州大學心理系教授）和學生艾瑞爾・斯塔爾（**Ariel Starr**，現為美國華盛頓大學教授）更進一步發現，六個月大的嬰兒不但已經有數量多寡的概念，而且嬰兒的「數感」敏銳度甚至可以預測他們三年後的數學測驗表現。（**Starr et al., 2013**）

機率（或是數字比例）概念

除了數感，嬰兒的數學核心知識可能也包括機率（或是數字比例）的概念。二〇〇八年，徐緋發現八個月大的嬰兒已經擁有機率概念，並且可以運用機率概念預測事件結果。實驗中，實驗人員拿出一個裝滿乒乓球的透明箱子展示給八個月大的嬰兒看，讓嬰兒清楚箱子裡有較多的紅球和較少的白球（4:1）。接下來，實驗人員會蒙住自己的眼睛開始抽球。結果發現，如果抽出來的紅白球數量比例和箱裡的紅白球數量比例不同（例如抽出一紅四白），嬰兒就會感到驚訝，並且出現比較久的注視時間。由此可知，八個月大的嬰兒應該可以根據箱子裡紅白球的數量比例，來預測抽出的紅白球數量比例應該一致。

這項研究還發現，嬰兒甚至可以根據抽出來的樣本，反過來推估箱子裡應該有什麼顏色的球。實驗人員在嬰兒眼前放置一個不透明的箱子，然後蒙住自己的眼睛從中抽出五顆乒乓球給嬰兒看。在實驗人員的操弄下，這五顆抽出來的球總是會有固定的顏色比例（例如四紅一白）。接下來，實驗人員就會打開箱子，讓嬰兒看到箱子裡剩下的紅白球數量比例。結果發現，如果打開箱子時，裡面的紅白球數量比例不是4:1（意料之中），而是1:4（意料之外），那麼嬰兒的凝視時間就會比較久。由此可知，八個月大的嬰兒應該具有機率（或是數字比例）概念，並且可以運用此概念推測樣本來源的狀態（Xu and Garcia, 2008）。

推論他人的偏好

後續實驗，還發現更多讓人驚訝的結果。當幼兒看見有人從紅球較多的箱子裡不斷拿出白球時，他們甚至懂得推論這可能是因為那個人比較喜歡白球，所以才會刻意從箱子裡挑出少見的白球。在這項實驗中，二十個月大的幼兒會看到一個透明箱子，裡面有兩種物體，其中一種物體的數量比較多（例如紅球和白球的數量比例是4:1）。接下來實驗人員會在「不蒙眼」的情況下，連續從箱子裡拿出五顆球。最後實驗人員會問幼兒：實驗人員喜歡哪一種顏色的球。結果發現，如果實驗人員拿出的五顆球和箱中的紅白球數量比例一致（也是4:1），那麼幼兒並不會特別認為實驗人員比較喜歡紅球或白球。相反的，如果實驗人員拿出的五顆球都是白球，那麼幼兒就有可能認為實驗人員喜歡白球。換句話說，當二十個月大的幼兒看到有人從紅球較多的箱子裡不斷拿出不太可能隨機抽到的白球時，已經懂得推論原因可能是因為那個人比較喜歡白球，所以才會刻意從箱子裡挑出少見的白球（Kushnir et al., 2010）。

十二個月大的嬰兒可進行邏輯推論

看完上述嬰兒所具備的核心知識，讀者可能會替皮亞傑打抱不平：這些嬰兒的核心知識（物體、數字、機率），其實稱不上是「邏輯思考」能力，不是嗎？一般來說，邏輯思考是指運用形式邏輯的方式做推論。比方說，在「選言三段論」（Disjunctive Syllogism）的論證形式中，如果我們知道只有P或Q可能為真，那麼當P為假時，我們就可以推論出Q為真（P或Q，非P則Q）。

很顯然，剛剛介紹過的這些嬰兒核心知識（物體、數字、機率），並不屬於這種形式的邏輯思考。換句話說，皮亞傑所主張的「零歲至二歲嬰兒不具備邏輯思考能力」，仍不算是全然錯誤。

由此看來，這場皮亞傑討伐戰仍欠缺最後的致命一擊，而認知科學家自然也十分清楚這一點。所有和皮亞傑立場相左的研究人員，也一直磨刀霍霍，試圖設計更適當的實驗來證明皮亞傑的錯誤。就在幾年前，終於有科學家發現，嬰兒可能具備和邏輯思考有關的基本概念。二〇一八年，目前任職於美國約翰霍普金斯大學（The Johns Hopkins University）的尼科洛．西薩納亞洛提（Nicolò Cesana-Arlotti），透過巧妙的實驗設計發現，十二個月大的嬰兒已經具備「選言三段論」的邏輯推論能力。實驗中，嬰兒會先看見兩個玩具（例如球和車），然後兩個玩具都會被屏風遮蔽。接下來，嬰兒會看見其中一個玩具（例如球）被拿走。結果發現，最後當屏風被移除的時候，如果出現的不是車（意料之中），而是球（意料之外），嬰兒就會感到訝異，並且出現較久的注視時間。由此可知，即使十二個月大的嬰兒尚未發展出語言能力，他們仍可使用「選言三段論」的邏輯推論能力推論出：當球和車其中一個被拿走，剩下的一定是另外一個（**Cesana-Arlotti et al., 2018**）。

這齣皮亞傑理論的攻防大戲，至今算是稍微告一段落。半個世紀以前，皮亞傑主張孩童七歲以後，才會發展出具象與抽象的邏輯思考能力。然而，後來的心理學家透過巧妙的實驗設計和測量一再突破極限，在未滿二歲的嬰幼兒身上，發現各種原本以為只會在成人身上展現的認知能力。雖然這些後來的實驗結果和皮亞傑原先的設想不一致，但是這位發展心理學之父如果得知，自己的想法曾經在科學的思想世界掀起狂風巨浪，那麼即使他在日內瓦名人公墓的實體墓碑已歸塵土，必也了無遺憾。

1 關於嬰幼兒的認知能力與發展，可以參考「附錄——居家互動實驗練習」的「練習一：概念發展測驗」，根據其中的實驗場景一、實驗場景二，以及互動練習與說明等，表演給家裡的寶寶看，檢視他們是否已有區辨某兩種事物的概念，例如辨別「貓」和「狗」的不同。

Chapter 2

為何嬰兒喜歡盯著人臉看？

——心智理論能力

雖然五歲才有心智理論能力，能推論他人心思。
然而該能力卻可能在更年幼時就存在，
只是配合作用的其他腦區尚未發展完全，
所以無法順利運用。

每位寶寶都會重新啟動世界。
（Every child begins the world again.）

——亨利・大衛・梭羅（Henry David Thoreau）

第一次見到瑞貝卡・薩克斯（**Rebecca Saxe**），是在二〇〇八年的秋天。那一年我剛獲得博士學位，來到麻省理工學院（**Massachusetts Institute of Technology**）的腦與認知科學系，師從南西・坎維希爾（**Nancy Kanwisher**）進行博士後研究。

薩克斯先前也是坎維希爾的學生，算是我的同門師姐。她的學術表現優異，在麻省理工學院攻讀博士時，不到三年便取得學位，並在二十六歲時獲聘為麻省理工學院腦與認知科學系的助理教授，五年後順利升等取得終身教職，當時年僅三十一歲。

薩克斯一直對人類心智能力背後的大腦機制有興趣，特別是關於心智理論（**theory of mind**）這個能力。所謂的「心智理論」能力，就是人類可以「推論他人擁有心靈」，並且「推敲他人心思」的能力。

探討心智理論能力的聰明豆測試

科學家在測試人類的心智理論能力時，通常會採用錯誤信念測驗（**false-belief task**）。這種作業，最早是由心靈哲學家丹尼特（**Daniel Dennett**）所提出，其中最著名的實驗就是聰明豆測試（**the Smarties task**）。比方說，如果我拿著聰明豆（一種糖果）的包裝盒問小明：「你覺得裡面有什麼？」這個問題，大部分的人都會回答：「裡面有聰明豆」。接著我打開包裝盒，讓小明看到裡面其實放了鉛筆。然後把包裝復原，再問小明：「等一下小英來的時候，你認為她會說裡面有什麼？」

對於第二個問題，小明如果有心智理論能力，他就會回答：「小英會猜裡面有聰明豆」。換句話說，小明能夠明白「他人可能會誤以為某些事物為真」。這種能夠明白並推敲出「他人可以擁有錯誤信念」的能力，就是心智理論能力。然而，如果小明還沒有發展出心智理論能力（未滿五歲），他就會認為別人和自己的想法一致，此時他就會回答：「小英會猜裡面有鉛筆」[1]。

「TP」腦區──負責人類的心智理論能力

除了研究孩童的心智理論能力相關行為，薩克斯也特別想要知道，人類的心智理論能力是不是由某個特定的腦區在負責？

為了回答這個問題，她決定先從成年人下手。二〇〇三年，薩克斯在坎維希爾的指導下，設計了一項實驗來尋找心智理論能力的對應腦區。在實驗中，薩克斯讓成年受試者閱讀各種不同故事情境。其中一類型的故事和人際互動有關，在閱讀這類型的故事時，受試者必須去推敲他人的錯誤信念。至於其他類型的故事情境，有的和人的肢體動作有關、有的和非人物件有關，有的則和錯誤訊息有關，重點是這些其他類型的故事情境都不涉及任何的錯誤信念。換言之，在閱讀各類型的故事情境時，只有其中一種情境需要使用心智理論能力去推敲他人的錯誤信念。

結果發現，在閱讀需要動用心智理論能力的故事情境時，有一個腦區出現了強烈反應，而在閱讀其他不須動用心智理論能力的故事情境時，這個腦區就沒有反應。這個腦區位於右腦的顳葉和頂葉交界處（**right temporoparietal juction**），英文縮寫為「**rTPJ**」（**Saxe and Kanwisher, 2003**）。

刺激「rTPJ」腦區，會改變人類心智理論能力判斷結果

找到這個和心智理論能力「有關」的 **rTPJ** 腦區後，薩克斯仍不滿意。因為相關不等於因果，唯有去證實 **rTPJ** 腦區會影響心智理論能力，才能真的確認兩者之間存在因果關係。

為了確認因果關係，薩克斯使用了「跨顱磁刺激」（**transcranial magnetic stimulation**）技術，直接刺激 **rTPJ** 腦區。這個技術的原理，就是使用強力局部磁場變動，去刺激特定腦區，如果 **rTPJ** 腦區和心智理論能力之間真的有因果關係，那麼直接刺激 **rTPJ** 腦區時，應該就會影響心智理論能力。實驗結果一如預期！在二〇一〇年發表於《美國國家科學院院刊》（*Proceedings of the National Academy of Sciences of the United States of America*）的一項實驗中，薩克斯團隊設計了一項作業，受試者必須透過心智理論能力，去判斷他人在道德上是否有過錯。這項作業也是用故事情境來呈現，以下是其中三種情境：

情境一：老王去化學系的茶水間幫同學倒水時，發現一個紙包，上面寫著「糖粉」，老王認為這應該就是糖粉，於是把它倒入同學的水杯中。結果同學喝完後安然無恙。

情境二：老王去化學系的茶水間幫同學倒水時，發現一個紙包，上面寫著

「糖粉」，但其實裡面是毒藥，老王認為這應該就是糖粉，於是把它倒入同學的水杯中。結果同學喝完後中毒身亡。

情境三：老王去化學系的茶水間幫同學倒水時，發現一個紙包，上面寫著「毒藥」，但其實裡面是糖粉，老王認為這應該就是毒藥，於是把它倒入同學的水杯中。結果同學喝完後安然無恙。

在這三種情境中，老王都相信紙包上的標籤為真，因此他在每個情境中的行為，其實都展現了不同的意圖。在情境一中，老王完全沒有惡意。在情境二中，老王也沒有惡意，因為他並不知道紙包裡其實裝了毒藥，所以雖然同學最後中毒死亡，但那只能算是意外。在情境三中，老王算是蓄意謀殺，因為他明知紙包中有毒藥，卻仍倒入水杯給同學喝，即使同學喝下後沒事，老王仍具有殺人意圖。

當受試者被要求去判斷，這三種情境中的老王在道德上是否有過錯時，受試者的反應通常都會如同我們上述的分析，情境一中的老王完全毋須受到譴責，而情境三中的老王則因為蓄意謀殺而應該受到譴責。至於情境二，受試者的答案則介於情境一與情境三之間。因為情境二中的老王雖然沒有惡意，但同學最後卻意外死亡，所以有些受試者會認為老王仍然應該受到譴責。

現在關鍵的問題來了，如果我們使用跨顱磁刺激技術去刺激 **rTPJ** 腦區，會有機會改變受試者推敲他人意圖的能力，並因此影響對他人行為的道德判斷嗎？

結果顯示，的確如此！當 **rTPJ** 腦區被刺激時，受試者對於情境三中的老王譴責程度會降低，而對情境二中的老王譴責程度則會提高。由此可知，刺激 **rTPJ** 腦區，確實可以改變受試者推敲他人意圖的能力，並且影響對他人行為的道德判斷。這個實驗結果也證實了 **rTPJ** 腦區和心智理論能力之間的因果關係。

五歲孩童可以臆測他人心思

在找到了 **rTPJ** 腦區，並且證實此腦區和心智理論能力之間的因果關係後，薩克斯便開始探究另一個重要的問題：孩童的心智理論能力與 **rTPJ** 腦區是如何

（在幾歲）發展出來的？

關於孩童的心智理論能力，其實過去已經有許多相關的行為研究。比方說，利用先前介紹過的「聰明豆測試」，心理學家已經知道三歲的小朋友通常無法通過測試。當三歲小朋友看到糖果包裝盒裡裝的是鉛筆後，如果你問他另一位小朋友會猜包裝盒裡有什麼？他通常會回答：「鉛筆」。個中緣由，就是因為三歲小朋友尚未發展出心智理論能力，所以他們會以為別人的信念也和自己的信念一樣。對比之下，五歲小朋友通常可以全數順利通過聰明豆測試。

為什麼五歲才能展現心智理論能力？

現在問題又來了。為什麼三歲小朋友不能展現心智理論能力，而五歲小朋友卻可以？這個問題，至少有兩種可能的原因。第一種可能，是因為 rTPJ 腦區尚未發展成熟。第二種可能，則是 rTPJ 腦區已經成熟，但是其他腦區尚未發展完全（例如語言或注意力等相關腦區），而導致孩童無法順利運用 rTPJ 腦區。

各位聰明的讀者此時應該已經想到，回答上述問題的做法很簡單，只要找小朋友來進行腦造影，看看他們的 rTPJ 腦區是否已經特化，不就得了？

薩克斯自然也知道要這樣做。事實上，她對這個問題的答案早就覬覦已久，但是因為一些技術上的困難，使她一直無法在孩童身上展開腦造影研究。其中的困難點有三：

第一個困難點，是當時的功能性磁振造影（**functional magnetic resonance imaging, fMRI**）還沒有孩童專用的頭部線圈，如果把小朋友的頭放入成人用的頭部線圈，會因為尺寸不合而造成諸多不便。

第二個困難點，是小朋友天生好動，容易影響研究結果，畢竟功能性磁振造影最忌諱受試者在施作過程移動。大家可以想像用相機拍照時，如果模特兒在拍照的瞬間亂動，那麼拍出來的相片就會一片模糊。腦造影也是一樣，如果頭部無法固定不動，照出來的影像也會充滿雜訊。更何況功能性磁振造影動輒需要三十分鐘或更長時間，想要小朋友這麼長時間靜止不動，簡直就是天方夜譚。

第三個困難點，則是成人用的實驗刺激物並不適合孩童。我們方才介紹過，在研究心智理論能力時，常常需要使用故事情境，但是小朋友的文字閱讀能力不佳，而且這種閱讀作業通常也很無趣，所以並不適合他們。俗諺：「醫生驚治嗽，總鋪驚吃晝，土水驚抓漏。」各行各業都有「天敵」，腦造影科學家最驚懼的，應該就是掃描小朋友無誤。

心智理論能力隨年齡增長逐步發展

為了解決這些技術上的痛苦難題，薩克斯團隊投入了大量的時間和精力。首先，她們和工程師合作，設計了適合孩童頭型的全新小型頭部線圈。如此一來，不但可以解決舒適度的問題，也可以同時因為提高線圈與頭部的緊密度，而讓小朋友的頭部不容易隨便移動。其次，薩克斯團隊也重新製作了新的刺激材料。她們捨棄文字閱讀作業，重新節錄並製作許多動畫和影片，希望透過觀看影片的方式，可以提高孩童在實驗過程中的專注力，讓研究更容易完成。

經過鍥而不舍的實驗技術更新和刺激優化，薩克斯團隊終於在接下來的數年內成功完成一系列兒童腦造影研究，並且找到了十分有趣的結果。二〇一八年發表於《自然通訊》（*Nature Communications*）的一項研究中，她們掃描了一百二十二位三歲至十二歲的孩童，結果發現三歲孩童在觀看與心智推論有關的影片時，**rTPJ** 腦區也會活化，雖然他們的腦區特化程度不及成人，但是已經初具雛形，而且會隨著年齡增長愈來愈接近成人（**Richardson et al., 2018**）。

這項結果，推翻了上述的第一種假說。也就是說，三歲孩童之所以無法展現心智理論能力，可能並不是因為 **rTPJ** 腦區尚未開始發展，比較有可能的解釋是：其他腦區尚未發展完全（例如語言或注意力等相關腦區），才會導致孩童無法順利運用 **rTPJ** 腦區。這項結果也顯示，心智理論能力應該不是五歲時突現而來的能力，而是隨著年齡增長逐步發展出來的。

心智理論能力是天生帶來或後天習得？

在完成三歲至十二歲的孩童腦造影研究後，薩克斯的下一步，自然是要直搗黃龍：掃描嬰兒。

在發展心理學中打滾的科學家都明白，如果想要探究某個認知能力究竟是天生帶來或後天習得，最佳的做法之一，就是去看看剛出生的嬰兒是否帶有該能力。三歲孩童的 **rTPJ** 腦區已經特化，不代表該腦區在出生的第一天就已經特化，畢竟三年的時間可能已經足夠讓孩童從人際互動中學會推敲他人的信念。而且別說三年，就嬰兒的發展心理過程而言，三個月可能都已經嫌老。

然而，如果說腦造影科學家最驚懼的任務是掃描孩童，那麼掃描嬰兒，則是根本連想都不敢想！嬰兒的腦造影過程，除了會有手腳亂動和難以專注的問題，甚至還得面對嬰兒紊亂的生理時鐘與作息。好不容易把嬰兒放進腦造影機器，但是五分鐘後就開始肚子餓、大小便、哭鬧、扭動，甚至直接入睡，想要取得嬰兒的腦造影資料，幾乎是不可能的任務。此外，腦造影機器所發出的巨大噪音可能也會損傷嬰兒的聽力，因此必須設計出適當的隔音措施，才能保障嬰兒在施作過程安全無恙。

不過，意志堅定的薩克斯顯然不會輕易退讓。經過將近六年的計劃和籌備，終於完成了大部分的嬰兒實驗規劃，最後一里路，就只差能不能找到一個願意配合的寶寶和母親來擔當第一個受試者。二〇一三年，萬事俱備只欠東風的薩克斯，獲得了天降的禮物——她迎來了自己的第一個寶寶。二〇一三年九月寶寶出生，十月馬上參與了腦造影實驗。至於這個寶寶究竟是天降的禮物，還是薩克斯自己刻意製造出來參與實驗的，下次我一定得親自問她。

雖然找到了可以擔當受試者的新生嬰兒，但薩克斯仍無法直接探究新生兒是否擁有心智理論能力，因為新生兒連視力都尚未完全發展完成，所以之前用來測試三歲孩童的影片（像是人際互動這樣的複雜影片），新生兒幾乎不可能看得清楚，也不可能看得懂。有鑑於此，薩克斯決定先測試另一項基本的認知能力：新生兒能否辨識臉孔。

猴子天生愛看臉

說到臉孔辨識這件事，有小孩的讀者應該都有發現，小寶寶非常喜歡盯著人臉看。研究結果顯示，新生兒不但喜歡看臉，還特別喜歡看眼睛張開的臉（相較於眼睛閉起來的臉）、和自己有眼神接觸的臉，以及笑臉。

這種喜歡看臉的偏好，究竟是天生的，還是學習得來的呢？

這個問題，其實早已是演化與發展心理學的考古題。其中的「天生派」認為，嬰兒一出生就喜歡看臉，是因為臉具有特別重要的意義，演化過程已經在大腦和視覺系統留下痕跡，讓寶寶一出生就擁有偵測臉孔（或臉狀物）的能力。相反的，「習得派」則認為，嬰兒喜歡看臉，是因為出生後最常出現在眼前的事物就是臉，因此看多了、看久了，很快就展現出看臉的偏好。

對於這樣的爭議，聰明的讀者一定又想到了解法：抓個剛出生的新生兒來測試就知道了嘛！如果新生兒一出生就喜歡看臉，就代表「天生派」是對的。但是曾經進過產房的人都知道，嬰兒剛生出來時皺皺巴巴，旁邊一堆人手忙腳亂的清洗、消毒、剪臍帶，而且有些新生兒眼睛張不開，有些則是嚎啕大哭，根本無法配合做實驗。最重要的是，如果嬰兒在實驗前先瞄到了周遭的人臉，那就前功盡棄了。因為「習得派」會高興的說：嬰兒正是因為一出生就看到周遭一堆人臉，所以在接下來的測試中才會喜歡看臉。

既然在產房中測試新生兒不可行，或許還有另外一種可行的方法，就是把嬰兒從一出生就養在完全看不到臉的環境中，然後等他們長大一點再測試！不過，這顯然是一個在現實中無法執行的餿主意，因為就算真的有家長願意讓你這樣實驗他的小孩，實驗倫理委員會也會把你踹入十八層地獄。

就這樣，這個爭論一直懸宕不決。直到二〇〇八年，日本科學家杉田陽一（Yoichi Sugita）終於決定以猴子來進行實驗，其結果也讓天生派的支持者雀躍不已。他的做法，就是把剛出生的猴子養在看不見任何臉的環境中，六個月後，在猴子眼前呈現一張臉孔和另一個牠們從未見過的物體，例如汽車。

現在，關鍵的結果要來了！這些猴子一輩子從來沒看過臉，也沒看過汽車，如果此時猴子仍然偏好看臉，那就表示這種偏好是天生的。結果發現，猴子確實喜歡看臉！接下來的一個月，其中一組猴子只能見到人臉（人臉組），而另一組猴子只能看到猴臉（猴臉組）。一個月過後，發現人臉組變得偏好看人臉，而猴臉組則變得偏好看猴臉。這項結果表示，雖然猴子天生喜歡看臉，但後天經驗仍然可以影響牠們偏好看哪一種「臉」。在後續的一年中，兩組猴子都進行正常生活（可見到人臉與猴臉），當再次測試時，之前的人臉組仍然偏好看人臉，而猴臉組也仍然偏好看猴臉。這項結果顯示，偏好一旦在幼年形成後，將可維持至成年（Sugita, 2008）。

人類也是天生愛看臉

看完了杉田陽一的猴子研究，眼尖挑剔的讀者一定會說：「人類畢竟不是猴子啊！」猴子天生愛看臉，不代表人類天生也愛看臉。那麼，人類嬰兒愛看臉的實驗證據，科學家到底端不端得出來呢？

經過這一段鋪陳，薩克斯終於又要再次登場。二〇一三年十月，薩克斯的寶寶成為人類歷史上第一位參與回答這個問題的受試者。為了安撫在腦造影機器中的寶寶，薩克斯親自陪著嬰兒一起擠進了腦造影機器中，在面對寶寶哭泣、扭動，以及昏睡等原因所造成的一次又一次掃描失敗後，最後終於等到寶寶短短幾分鐘的安靜，也順利收集到寶寶注視螢幕上臉孔影片和景象影片時的大腦反應。

會選擇讓寶寶看臉孔和景象影片，是因為科學家早就已經知道，成年人的腦中存在著專門處理臉孔的梭狀迴臉孔區（**fusiform face area**），以及專門處理景象的海馬旁迴景象區（**parahipocampal place area**）。而且，最早發現這兩個腦區的人，正是薩克斯和我的老師坎維希爾。

人腦就像多功能的瑞士刀

坎維希爾是研究視覺物體辨識的專家。她主張大腦不是「通用型的處理器」，而是一把「多功能的瑞士刀」。也就是說，大腦的不同區域有功能特化的現象，就像瑞士刀的多功能設計，會由特定腦區負責處理某些特定功能，包括視覺、聽覺、嗅覺、味覺和觸覺等，每一種感覺都有特定的腦區在負責處理。而且就算是在視覺的範疇內，各種不同的視覺資訊（例如亮度、顏色、形狀、動態等）也會分區處理。以視覺物體辨識來說，有幾種在演化上特別重要的物體，也都可以在腦中找到專門負責處理這些物體資訊的腦區。

坎維希爾曾經使用各種方法，試圖證實這個理論。大約一九九五年，功能性磁振造影初初面世，腦科學家開始採用這個技術探索人腦功能，坎維西爾抓住了這個機會，一舉成為腦造影認知科學研究領域的知名人物。很多人都尊稱坎維西爾為功能性磁振造影的將軍，因為她的科學研究生涯亮點之一，就是不斷的透過腦造影，去發現並征服一個又一個特化的腦區。截至目前為止，她發現的重要腦區包括：梭狀迴臉孔區（負責處理臉孔）、海馬旁迴景象區（負責處理景象）、紋外身體區（負責處理身體形象），以及和薩克斯一起發現的心智理論區（負責思考別人在想什麼）等。

大腦梭狀迴臉孔區負責臉孔辨識

在這些特化腦區中，最為人所知的，就是梭狀迴臉孔區。顧名思義，梭狀迴臉孔區是位在大腦顳葉的梭狀迴。腦造影結果顯示，當看到人臉時，這個腦區的反應會特別劇烈。但由於腦造影只能顯示相關性，因此兩者之間的因果關係一直懸而未決（無法確定此區域真的是負責處理臉孔的區域，或者其實可能是別的腦區處理完臉孔後，此腦區才變得活躍）。二〇一二年，她之前的博士後學生葛瑞斯貝特（**Kalanit Grill-Spector**）透過電流刺激病人的梭狀迴臉孔區，結果發現病人所見到的人臉竟然會扭曲變形，才終於確認了此腦區與臉孔辨識之間的因果關係（**Parvizi J et al., 2012**）。

坎維希爾對科學的熱情與執著異於常人。比方說，她的頭皮上就有著幾道為了科學而刺的刺青。之所以擁有這些刺青，是因為在她剛剛投入功能性磁振造影研究時，當時的儀器和技術都還沒有完全成熟，因此很容易因為頭部的掃描部位不一致，而造成數據誤差。為了讓每次掃描大腦時位置能夠幾乎完全相同，她索性在頭皮上刺青，以節省影像對位時間並增加精確度。

另外一個有趣的事蹟，就是二〇一五年她在攝影機前當眾「削髮為尼」的舉動。為了讓大家更清楚「看見」各腦區在頭皮上的對應位置，她突發奇想拍了一段影片[2]。在這部短短幾秒的影片中，她迅速剃掉長髮，然後在光頭上畫出各個腦區的位置，藉此作為科學影片教材，真可謂創意十足。

嬰兒腦已有特化的臉孔腦區和景象腦區

言歸正傳，薩克斯在掃描了自己的寶寶後發現，新生兒的大腦也和成人一樣，在看到臉孔影片時梭狀迴臉孔區會活化，而看到景象影片時，則是海馬旁迴景象區會活化。

在接下來的九年內，薩克斯的團隊接續掃描了八十七位新生兒，並且成功取得其中五十二位新生兒的腦造影資料。這項實驗成果發表在二〇二二年的《當代生物學》（*Current Biology*）期刊，顯示在新生兒的腦中有類似成人腦中特化的臉孔腦區和景象腦區。

雖然這些新生兒不是在剛出生的第一秒鐘就參與腦造影實驗，但是這樣的實驗結果，確實和天生派的理論比較一致（**Kosakowski et al., 2022**）。

兒腦造影研究的醫學展望與應用價值

新生兒及孩童的腦造影研究，將來或許會有許多應用價值。例如我們可以透過長期觀察，檢視自閉症和語言遲緩等認知障礙的孩童，了解他們是不是在早期就出現神經影像異常，並據此建立神經生物標記，來協助醫學的診斷和預後。

不過，科學家的研究初衷或許更單純，因為研究發育中的嬰兒大腦，其實就是人類認識自己的探索旅程！

1 關於心智理論能力，可以參考「附錄—居家互動實驗練習」的「練習二：海盜測驗」與「練習三：莎莉與安測驗」，根據其中的人物角色、實驗場景，以及互動練習與說明等，表演給家裡三到五歲的小朋友看，檢視他們是否已發展出「心智理論」能力。

2 關於坎維希爾的介紹，內容取材自《大腦簡史》。她的落髮影片，可以在 Youtube 上觀賞，https://www.youtube.com/watch?v=PcbSQxJ7UrU。

Chapter 3

當你需要幫忙時，為何幼兒總會伸出援手？

——道德判斷與利他行為能力

十八個月大的幼兒，
即使語言能力尚未發展或正要起步，
卻似乎已能展現利他行為。

無惻隱之心，非人也；無羞惡之心，非人也；無辭讓之心，非人也；無是非之心，非人也。

——《孟子・公孫丑上》

一九四二年，德國納粹橫行歐洲，當時希特勒的黨衛隊成員奧托・阿道夫・艾希曼（**Otto Adolf Eichmann**）負責規劃和執行大規模的猶太人屠殺行動，受害者超過數百萬人。到了二戰末期，艾希曼自知大勢已去，開始隱姓埋名四處逃亡，但最後仍在一九六〇年於阿根廷落網，被送回以色列接受審判。

艾希曼究竟是「本質上的真惡」，還是「平庸之惡」（**banality of evil**）？這個論點，在歷史上曾經有過一番爭辯。猶太裔的美國哲學與政治思想家漢娜・鄂蘭（**Hannah Arendt**）認為，在整個屠殺猶太人的事件中，艾希曼只是一個遵守命令的平凡下屬，他的行為可能只是機械式的、毫無想法的、毫無質疑的服從權威而已。換言之，艾希曼並非「真惡」，而是因為懼怕反抗權威所導致的「平庸之惡」。

人類在權威下的「平庸之惡」

有鑑於此，艾希曼落網受審後的隔年，即一九六一年，耶魯大學（Yale University）的心理學家史丹利．米爾格倫（Stanley Milgram）馬上啟動實驗，試圖檢視權威對人類道德行為的影響。他想知道，在權威的要求或壓力下，一般看似善良的受試者是否也會展現出平庸之惡，做出可能傷害他人的行為。

實驗中共有三種角色：實驗人員、學生和老師。學生負責記憶學習、老師負責執行處罰，實驗人員則負責指揮和監控一切。不知情的受試者前來參與實驗時，都會被指派擔任老師（處罰者）的角色，而學生則是由實驗人員所偽裝的。在實驗中，當學生答錯問題時，實驗人員就會要求擔任老師的受試者按壓按鈕以電擊學生（實際上並沒有真的電流，但學生仍會假裝感到痛苦）。

米爾格倫想知道，隨著學生犯錯次數增加，當電擊的電壓愈來愈強，甚至已經高到有致命危險，並且學生已經被電到高喊不想繼續做實驗時，受試者還會不會聽從實驗人員的指令繼續電擊學生？

結果發現，超過百分之六十的受試者會一路遵從指示執行電擊，即使電壓已經高達四百五十伏特、被電擊者已經高聲慘叫苦苦哀求，這些受試者依然會按下可能致命的電擊按鈕。米爾格倫認為，電擊實驗中的受試者之所以接受指令處罰另一個人，其實也是平庸之惡。這樣的行為，並不是因為他們心中真的存在想傷害他人的惡意，而是身為受試者在權威下的義務，所以不得不執行命令。這項實驗結果，引發了廣大的省思和迴響。在面對道德抉擇時，外在的權威對我們有多大的影響？人們又擁有多少自主決定權？人類的本性，究竟是善或惡？

孩童喜歡自己的隊友

除了權威，還有一個會影響人類道德判斷與喜好的重要外在因子，就是群體認同，而且這種因群體認同而產生道德行為偏見的現象，不只可見於成人，更常在孩童身上出現。一九六一年，社會心理學家穆扎弗・謝里夫（Musafer Sherif）的實驗發現，只要透過簡單的團體互動，人們就會對自己所屬的群體產生認同和偏見。

實驗中，他把小學孩童隨機分成兩個隊伍，接著進行第一階段的群體內互動，例如幫自己的隊伍取名字、製作旗子，以及進行各種群體內的互動合作遊戲。然後，再繼續進行第二階段的隊伍間對抗活動。

經過這兩個簡單的步驟後，群體認同和偏見就會迅速形成。比方孩童在評量自己有多喜歡其他成員時，通常會說自己比較喜歡同隊的成員、比較不喜歡另一隊的成員，而且自認為最要好的朋友，通常也在自己的隊伍中。

眼珠顏色實驗的種族歧視反思

一九六〇年代末期，一項發生在真實課堂上的群體認同社會實驗，更是引起軒然大波。一九六八年四月四日，美國人權運動領袖馬丁．路德．金恩（**Martin Luther King, Jr.**）博士遇刺。當天晚上，美國愛荷華州一位國小老師珍．艾略特（**Jane Elliott**）在電視上看到相關新聞報導，對於新聞記者鮮明的族群意識提問感觸良多。當時白人記者對黑人領袖提問：「多年前，當我們的領袖甘迺迪總統遇刺時，他的遺孀出面穩住了群眾。請問你們有誰可以控制住自己的人？」敵我族群意識強烈至此，讓人五味雜陳。

隔天，艾略特來到自己任教的國小課堂上，她決心透過簡單實驗，讓學童親身體驗種族偏見的強大負面效應。艾略特對班上的學童說：「眼睛虹膜是棕色的人比是藍色的人更聰明。」同時，她還編織了一個理由強化這個說法，她說：「黑色素（**melanin**）愈多時，智商和學習能力愈高，而眼睛虹膜的顏色正好可以看出黑色素的多寡。」

學童很快就相信了這個說法，並且出現明顯的行為變化。棕眼學童開始覺得自己高人一等，並且變得十分自大和狂妄，小考成績也開始變好。相反的，藍眼學童則開始自慚形穢，並且變得畏縮膽小，學業表現也變差。

一段時間過後，艾略特反轉情境。她告訴所有學童，自己先前誤解了相關的科學發現，其實藍色眼珠才是比較聰明的象徵。學童得知後，行為舉止立刻發生對調。不過這一次，藍眼學童對棕眼學童的欺壓比較沒有那麼劇烈，或許是因為他們不再相信老師的這套說詞，也或許是藍眼學童之前受過的不平等對待讓他們產生同理心，彼此對立的情境才稍有緩和。

艾略特的實驗結果發表後，消息馬上傳遍各大媒體。原本以為她的發現會讓大家更願意反思和消弭種族歧視，沒想到隨之而來的，卻是種族主義者鋪天蓋地的負面抨擊。白人種族主義者認為，「艾略特不應該在白人小孩身上進行如此殘忍的實驗。」現實生活中，艾略特則受到其他教師的排擠，她的女兒也在學校遭遇霸凌，令人不勝唏噓。

這項簡單的實驗，讓我們再次見識外在因素對人類道德與偏好的強烈影響。在面對道德與喜惡的抉擇時，如果外在權威和敵我族群認同的影響如此之大，那麼人們在道德方面還有自主性可言嗎？人類本性的善惡，又該如何釐清？

六個月大的嬰兒能分辨善惡且喜歡好人

這個困擾世人已久的問題，一直懸而未決。三十年後，曾經執行米爾格倫電擊實驗的耶魯大學，在一九九〇年成立了新的「嬰兒認知中心」。此中心的一項重點計畫，就是要回到人性善惡問題的本質，探討「嬰兒是否具有善惡的道德判斷能力」。畢竟，如果想知道人類本性的善惡，那麼未經世事的嬰兒自然是研究的最佳選擇。

二〇〇七年，這個問題的答案初露曙光。耶魯大學嬰兒認知中心的凱莉．漢姆琳（**Kiley Hamlin**）和指導教授薇恩（第一章提及發現嬰兒數學認知能力的心理學家），在《自然》（*Nature*）期刊上發表了一項經典實驗，發現六個月大的嬰兒已經具有區辨善意和惡意的能力，而且嬰兒似乎偏好帶有善意的人。

實驗中，嬰兒會看到一個正在爬山的圓形玩偶，有時候會出現一個正方形玩偶（協助者）去協助圓形玩偶爬山，有時候則會出現一個三角形玩偶（妨礙者）去妨礙圓形玩偶爬山。結果發現，嬰兒在看完這些玩偶的互動後，會比較偏好正方形玩偶（協助者）。漢姆琳因此推論，嬰兒可能可以理解正方形玩偶和三角形玩偶分別代表「親社會的善意協助」與「反社會的惡意妨礙」，而且會比較喜歡前者（**Hamlin et al., 2007**）。

二〇二二年，日本大阪大學的鹿子木康弘（**Yasuhiro Kanakogi**）團隊也發現，當不會說話的八個月大嬰兒察覺自己可以操控電腦遊戲中的石頭去壓扁某些角色時，他們會傾向用這種方式去懲罰遊戲中的壞人（**Kanakogi et al., 2022**）。實驗中，科學家透過眼動儀追蹤嬰兒的視線，當嬰兒的眼睛緊盯著遊戲中的某個人物不動時，天上就會掉落一塊大石頭壓扁該人物。當嬰兒學會這個操作方式後，實驗人員就會讓嬰兒觀看兩個人物的社會互動狀況，其中會有一個壞人不斷的推擠欺壓另一個好人。結果發現，嬰兒會偏好盯著壞人看，導致壞人被天上掉落的大石頭壓扁。

上述這些實驗結果透露出一個重要訊息，就是道德的善惡判斷可能並不全然是後天習得，我們可能天生就對某些類型的行為和事件帶有好惡，而這些天生的偏好，可能就是孩童早期道德發展過程中的根源和依據。

嬰兒喜歡和自己「同一國」的同類

然而，大家千萬別因此以為嬰兒就是「性本善」。因為後續研究發現，嬰兒的善惡偏好，其實是有但書的，而且還是相當「實用」，或者說是相當「功利」的但書。二〇一三年，漢姆琳的一項研究發現，九個月大嬰兒對於「親社會的善意協助」與「反社會的惡意妨礙」的偏好，其實要視這些行為的對象而定。這項實驗的流程和二〇〇七年的實驗相近，唯一差異是，圓形玩偶在爬山前，會先表達出自己的食物偏好。實驗開始前，有些嬰兒會看到圓形玩偶的食物偏好和自己相同（嬰兒會認為這種圓形是與自己相同的「同國」，因為它和自己一樣喜歡餅乾），有些嬰兒則會看到圓形玩偶的食物偏好和自己不同（嬰兒會認為這種圓形是與自己不同的「敵國」，因為它喜歡自己討厭的四季豆）。結果發現，當「同國」的圓形玩偶受到「善意協助」或「惡意妨礙」時，嬰兒會喜歡善意協助者（這項結果和二〇〇七年的實驗發現一樣）。但發人深省的是，當「敵國」的圓形玩偶受到「善意協助」或「惡意妨礙」時，嬰兒則會喜歡惡意妨礙者。換句話說，「善意協助」和「惡意妨礙」並不是決定嬰兒道德喜好的唯一因素，其中還有一項非常重要的調節因子，就是受到善意或惡意對待的人是不是自己的同類（**Hamlin et al., 2013**）。

由此可知，嬰兒不會總是喜歡「助人者」，而是只有當助人者幫助了自己的同類時，他才會喜歡助人者。同時，嬰兒也不會總是討厭「阻撓者」，當阻撓者阻撓了非我族類時，嬰兒也會喜歡阻撓者！換言之，寶寶的道德判斷標準，並不是由行為本質上的善惡所決定，而是要視行為的後果是否對自己有利而決定！這種「以族群為基礎」（**group-based**），或是「以團隊為基礎」（**team-based**）的實用功利道德判斷標準，其實和大人理想中的天下為公、無私道德等判斷標準並不相同！

除此之外，嬰兒喜歡自己人、喜歡拉幫結派的「同類偏好」，也會出現在其他情境中。研究發現，三個月大的嬰兒比較喜歡看和自己相同種族的人臉（**Bar-Haim et al., 2006**），也比較喜歡和自己的主要照顧者同性別的人（Quinn et al., 2002）。六個月大的嬰兒認為，和自己同種族的臉孔應該配上快樂的音樂，和自己不同種族的臉孔則應該配上悲傷的音樂（Naiqi et al. Lee, 2017a）；並且，當嬰兒在尋找物品時，也比較會觀察同種族人的眼睛觀視方向（Naiqi et al. Lee, 2017b）。另外，十二個月大的嬰兒比較喜歡和自己說相同語言的人（**Kinzler et al., 2007**）。種種跡象都顯示，嬰兒其實是不折不扣的功利主義者（喜歡對自己有利者）和種族主義者（喜歡自己的同類）。

不過，這裡有一點值得大家注意，就是嬰兒的「善惡判斷」和「同類偏好」，仍有可能是後天習得。或許嬰兒在剛出生的三個月內，就已有過少許和「協助」與「妨礙」有關的社會互動經歷。例如爸媽幫自己換尿布時，寶寶可能會發現每次只要自己非常配合，就會獲得言語鼓勵；但若亂動不配合，則會受到言語責罵。另外，同類偏好也可能是因為寶寶剛出生的幾個月內，總是會經歷特定種族的人臉及語言（來自他的主要照顧者）對自己提供各種幫助和善意，因此寶寶才會對特定種族和語言產生「同類偏好」。至此，人類本性是善或惡的爭議，仍是來日方長。

十八個月大的幼兒會主動幫忙、不求回報

雖然說，嬰兒似乎是一群小小的功利主義者和種族主義者，但是也有一些正面的研究結果，讓我們對人性抱有一絲希望。

這次的主角，是美國密西根大學（University of Michigan）的心理學教授菲

力科斯·沃尼肯（**Felix Warneken**）。二〇〇九年至二〇一七年期間，沃尼肯曾經任教於哈佛大學心理系，當時我在波士頓曾經聽過好幾次他的精采演講。沃尼肯身高將近兩百公分，一開始很難把他和嬰兒研究聯想在一起，但後來發現，這個巨大的反差反而讓人一次就記住他的研究和嬰兒有關。他總是喜歡穿著一件可愛的紅毛衣，然後坐在地上和前來做實驗的孩童互動，因為他說這樣才能拉近和孩童的心理距離。

沃尼肯一直對孩童的助人利他行為（**altruistic behaviors**）有興趣，他想知道孩童能否明白他人的意圖並出手相助。然而，由於早期的心理學家普遍認為孩童是自私的，加上沃尼肯也一直想不到好的實驗方法，所以也就沒有機會進行測試。直到一次和孩童互動時的意外小插曲，才讓他發現了適當的契機。

有一次，當沃尼肯和孩童在玩傳接球遊戲時，因為不小心漏接而讓球滾向遠處，原本正準備動手把球撿回的他突然靈機一動，假裝自己被卡住無法撿球。他想知道，當孩童見到這個情境時，能不能認知到對方需要協助而主動幫忙撿球。

結果讓他非常驚喜，因為孩童伸出了援手！

有鑑於此，沃尼肯著手設計了一系列實驗，試圖找出孩童利他行為的背後準則。他把這個系列的研究稱為「晒衣夾實驗」（**clothespin experiment**）。在最早發表於《科學》（*Science*）期刊的實驗中，他會站在孩童身旁整理晒衣夾，然後不小心掉落一個，並且假裝自己搆不到，結果發現，所有十八個月大的受試孩童中，大約有百分之七十的孩童會伸出援手幫忙撿拾晒衣夾。

聰明的讀者這時候可能想質問：孩童伸出援手幫忙，是因為真的意識到沃尼肯的意圖，抑或只是孩童隨手撿拾東西的習慣性動作？為了檢視這兩種可能性，沃尼肯設計了另一個對照組實驗。在對照組實驗中，他同樣不小心掉落一個晒衣夾，但接著就裝作自己毫不在意、不會表現出任何想要撿拾的意圖和動作。結果發現，在對照組實驗中，只有不到百分之十的孩童會伸出援手。由此可知，孩童是因為看懂了沃尼肯「想要撿拾」的意圖，所以才決定出手幫忙。

接下來沃尼肯繼續追問，如果孩童不是閒閒沒事站在一旁，而是正忙著玩玩具，會不會願意放下正樂在其中的遊玩活動，而過來幫忙呢？結果發現，孩童依然願意幫忙！再來，沃尼肯又想到一個可能的質疑，就是孩童有無可能並不是真心想助人，而是因為想獲得獎賞或鼓勵才伸出援手？為了回答這個問題，他又設計了另一個實驗。實驗中，當小孩幫忙撿拾晒衣夾後，他完全不對孩童說謝謝，也不給孩童任何獎賞或鼓勵。結果發現，即使知道沒有任何獎勵，孩童依然會一再出手相助！由此可知，在孩童成長至十八個月大左右，也就是語言能力尚未發展出來，或是正要開始發展語言的階段，就已經會展現出利他行為。孩童這種看似不求回報的純善利他行為，透露出人性本善的一線曙光。

黑猩猩也會展現無私的利他行為

為了進一步檢視利他行為在演化上的重要性，沃尼肯把目光轉向人類的近親：黑猩猩。他的第一項非人動物實驗，找上了德國動物園中一隻從小被人類養大的黑猩猩。實驗中，黑猩猩的照顧者會在清潔物品時不小心掉落一塊清潔用的海綿，然後假裝自己撿不到，結果發現，黑猩猩就像之前的孩童一樣，也會主動伸出援手。

沃尼肯此時提出質疑：有沒有可能這種行為只會出現在被人類養大的黑猩猩身上？或許這些黑猩猩是因為跟牠的照護者非常熟悉，因此才希望透過和照護者的互動來獲取獎勵？於是，沃尼肯動身前往非洲烏干達的恩甘巴島黑猩猩保護中心（**Ngamba Island Chimpanzee Sanctuary**），想看看半野生的黑猩猩是否也會有利他的助人行為。結果發現，儘管這些黑猩猩和人類沒有太多互動經驗，但是當牠們看到實驗人員需要幫忙（實驗人員假裝撿不到物品），仍會提供協助。

接下來的最後終極測驗，自然是要探究黑猩猩之間會不會有無私的利他互助行為。在一項實驗中，沃尼肯在黑猩猩的籠子之間設計了一道機關，讓其中一隻黑猩猩有機會可以拉動此機關，幫助另外一個籠子中的黑猩猩取得少量食物。結果發現，即使黑猩猩知道對方在取得食物後應該無法分享，也仍然願意無私的提供援助！

由此可知，無私的利他行為可能在人類和黑猩猩之間有著共同的演化根源，這項發現也支持「部分的人性或許本善」。然而，反對者依然抱持著質疑態度。或許孩童和黑猩猩的利他行為並不是出自內心的善意，而是因為很小的時候就已經觀察到成人世界的互助行為，所以依樣畫葫蘆而已？此外，儘管黑猩猩和人類都有助人的行為，也不代表這個行為就已經被寫入基因，或許只是因為黑猩猩和人類剛好都能在各自的社交環境中獨立發展，因此才習得這樣的行為？看來，已經爭論數千年之久的人性善惡問題，未來之路仍迢迢。

一九六一年四月十一日，艾希曼在耶路撒冷接受審判。在歷經八個月的訴訟過程中，雖然艾希曼堅稱自己只是「奉命行事」，但最終仍被判處死刑，並於一九六二年五月三十一日被絞刑處死。艾希曼究竟是「真惡」或「平庸之惡」？可能連他自己也不明白。這個問題的答案，也隨著他的骨灰四散在大海，再也無人得以知曉。

或許，最終定義人類善惡的，並不是我們是否天生帶著善惡的概念。人類善惡的終極判斷標準，也許取決於我們能否透過省思，而找到超越本性、放之四海而皆準的公平正義吧[1]！

1 關於公平的概念，可以參考「附錄──居家互動實驗練習」的「練習四：公平的概念」，根據其中的實驗場景，以及互動練習與說明，表演給家中的幼兒看，檢視他們是否已經擁有公平和不公平的概念。

Chapter 4

為何嬰兒喜歡你逗他玩？

——行為理解推論與社交互動能力

幼年時期擁有足夠安全感與良好社交經歷，
有助寶寶心理健康發展。

孩子尋覓的不是你的注意力，而是愛。
（It is not attention that the child is seeking, but love.）

——西格蒙德．佛洛伊德（Sigmund Freud）

很多人都聽過大名鼎鼎的康乃爾大學（**Cornell University**），這所大學是美國知名的常春藤聯盟（**Ivy League**）八所盟校之一，擁有良好的學術名聲和傳統。然而卻很少有人知道，康乃爾大學創辦人埃茲拉．康乃爾（**Ezra Cornell**）的家族，竟然擁有一段奇特的暗黑歷史。

一六七三年二月八日，時年七十三歲的瑞貝卡．康乃爾（**Rebecca Cornell**，埃茲拉的先祖母）在羅德島家中臥室的壁爐旁離奇死亡，身體被燒得焦黑難辨。原本以為這只是一場意外，但後來在驗屍時發現，瑞貝卡的腹部有刺傷痕跡。警方後來循線逮捕了瑞貝卡的兒子湯瑪士・康乃爾（**Thomas Cornell**），最後判決湯瑪士謀殺定讞，絞刑處死。

這件謀殺案只是康乃爾家族黑暗史的冰山一角，其中的祕辛我們稍後會再多做揭露。現在我們要先推敲的是，在面對他人的行為時，人們通常是如何理解和推論對方的動機？例如在這個案子中，湯瑪士為什麼要殺害自己的母親瑞貝卡呢？雖然這個問題的正確答案可能只有湯瑪士自己知道，不過心理學家告訴我們，人類在理解他人的行為時，通常都會採用常識心理學（**folk psychology**）的方式做推論。所謂的「常識心理學」，就是預設人類在行動時，背後必定有其「欲望」和「信念」。比方說，警方發現湯瑪士在經濟上依靠母親瑞貝卡，且他們的相處常常有摩擦。看到湯瑪士和他母親的這些過往，有人可能就會猜測，湯瑪士或許是因為生活上的不和睦而希望母親消失（此為其欲望），同時他相信殺害母親可以達到讓母親消失的目的（此為其信念），因此做出謀殺母親的舉動。

如此的動機推論，是我們每天都在進行的認知活動，許多心理學家也相信，這是我們推論他人動機與理解他人行為的重要方式之一。如果沒有這種預設與推斷他人欲望和信念的能力，我們將難以理解他人的行為，而日常的人際互動也就無法正常進行。

十八個月大的幼兒知道你喜歡吃什麼

那麼，人類這種推論他人欲望與信念的能力，是在幾歲發展出來的呢？嬰幼兒是否也擁有這樣的能力？關於這些問題，早期的心理學家認為，剛出生的嬰幼兒應該不具備此能力。不過從八〇年代開始，就有發展心理學家陸續對這樣的說法提出挑戰。一九九七年，加州大學柏克萊分校（**University of California, Berkeley**）的艾莉森．古普尼克（**Alison Gopnik**）和當年的學生貝蒂．瑞派柯里（**Betty Repacholi**）想出了一個簡單且聰明的實驗方法，來檢驗幼兒能否理解他人的信念和欲望。

古普尼克是發展心理學的一方之霸，長年研究孩童的認知及語言發展。在各大學術會議及科普活動中，都很常出現她的身影。但很不好意思的是，每次見到她，都會讓我誤以為看到了史密斯飛船（Aerosmith）的主唱史蒂芬・泰勒（Steven Tyler），他們倆神似的臉孔，讓我有好幾次在聽她的演講時，都不小心神遊進入了史密斯飛船的演唱會回憶畫面之中。

古普尼克團隊在一九九七年進行的這項研究，採用了一種簡單的實驗方法。她在幼兒的面前放置兩盤食物，一盤是小朋友都很喜歡的小魚餅乾，另一盤則是小朋友通常都討厭的花椰菜。接著，她就會在小朋友面前試吃這兩樣食物。小朋友會被分成兩組，其中一組的小朋友會看到古普尼克展現出「喜歡吃小魚餅乾，但討厭吃花椰菜」的行為表現，也就是說，古普尼克會在試吃小魚餅乾時很高興的說她很喜歡，並在試吃花椰菜時說不喜歡且表現出感覺很噁心的表情。另外一組小朋友則相反，他們會看到古普尼克展現出「喜歡吃花椰菜，但討厭吃小魚餅乾」的行為表現。古普尼克展示完她的食物偏好後，就會把兩盤食物拿給小朋友，然後對他們說：「請給我一些食物吧！」

這個實驗的目的，是想知道小朋友在看到他人的食物偏好後，會不會依照對方的食物偏好來給予食物，如果小朋友真的明白古普尼克喜歡某一種食物，而且也願意幫助她獲取想要的食物，應該會依據古普尼克的食物偏好來給予她所喜歡的食物。結果發現，十八個月大的幼兒，會正確選擇給予對方喜歡的食物。換言之，如果古普尼克先前展現出「喜歡吃小魚餅乾」，幼兒就會給她小魚餅乾；反之，如果古普尼克先前展現出「喜歡吃花椰菜」，幼兒就會給她花椰菜。

然而，十四個月大的幼兒則不然。無論古普尼克展現出她喜歡哪一種食物，十四個月大的幼兒都會拿小魚餅乾給她。這個結果顯示，十四個月大的幼兒似乎以為所有人的喜好都和自己一樣，即使對方先前已經表達過不喜歡小魚餅乾，但十四個月大的幼兒仍無法理解，且仍會選擇自己喜歡的小魚餅乾給予對方。由此可知，幼兒可能要到十八個月大左右，才能逐漸理解他人的欲望、意圖與信念可能和自己不同，也才能據此進行比較順利的人際互動。

三個月大的寶寶會主動想參與人際互動

古普尼克的實驗方法雖然簡單又聰明，但是仍然有其侷限。其中最大的限制，就是這個實驗預設了一些基本的語言理解。在這項實驗中，幼兒必須先具備簡單的語言能力，才能聽懂古普尼克的要求和指示。也就是說，十四個月大的幼兒雖然無法正確選出對方喜歡的食物，但是或許他們其實仍可以理解他人的欲望和信念，只不過礙於無法理解實驗人員的語言指示，所以才無法完成要求。對於這樣的侷限，目前科學家仍然束手無策。不過另一系列的研究結果顯示，其實嬰兒在更小的時候，就已經具備了和他人進行人際及情緒互動的需求與能力。

這一系列研究的主導科學家，是當時任教於哈佛大學的心理學家愛德華·卓尼克（**Edward Tronick**）。卓尼克在一九六八年拿到博士學位後，隨即前往哈佛大學進行博士後研究。當年還是行為主義稱霸的年代，心理學家仍多主張要研究客觀的外顯行為，並把主觀的情緒與意識等心靈現象視為不可研究的禁忌。因此，大部分的研究者都選擇研究視覺、學習和記憶等「硬科學」主題。然而，此時的卓尼克並沒有跟風盲從，他選擇了自己最感興趣的冷門題目：嬰幼兒和母親之間的親子關係。他想知道，嬰兒在一出生時，是否只是被動的接受社交互動，或是早已經準備好進行主動的社交互動。

卓尼克曾經說過，當時曾有前輩教授勸告他，別碰這種涉及主觀情緒的心理議題，不過堅持鑽研自己感興趣主題的卓尼克沒有因此放棄，最終成為親子關係研究領域的開創者，走出與眾不同的研究道路。

卓尼克認為，嬰兒一出生，可能就已經準備好進行主動的社交互動。為了驗證這個假說，他設計了一項「面無表情實驗」（**still-face experiment**）。在實驗中，三個月至五個月大的嬰兒會和母親一起來到實驗室，在經過幾分鐘的親子正常互動後，母親會突然收起表情和動作，不再和嬰兒進行任何眼神交流或互動。卓尼克猜想，如果這個年紀的嬰兒已經擁有社交互動的能力和欲望，那麼在看到母親突然中止和自己的社交互動時，應該會積極的想回復先前的社交互動關係。

結果發現，參與實驗的嬰兒確實會嘗試各種方法回復關係。很多嬰兒一開始仍會微笑或感到有趣，以為母親在逗著自己玩，但是嬰兒很快就會發現事情不對勁，接著他們可能會大叫、哭泣，或是揮舞手腳，彷彿希望重新回復之前的良好互動關係。實驗最後，當母親終於停止「面無表情」並恢復正常互動時，嬰兒才會如釋重負般的逐漸平靜。這些現象顯示，嬰兒應該比較喜歡正常良好的親子互動，而且當正常的互動消失時，他們會偵測到異常，並且渴求回復先前的狀態。換言之，三個月大的寶寶就已經擁有主動參與社交互動的能力與欲望。

幼年時的安全感與良好社交經歷，有益心理健康發展

在後續的研究中，卓尼克更進一步探究親子關係對寶寶的心理影響。他想知道，良好的親子關係是否有助於寶寶面對環境壓力。結果發現，過去擁有良好親子關係的寶寶，在進行面無表情實驗時的皮質醇（cortisol）濃度比較低。「皮質醇」是壓力荷爾蒙，是身體面對壓力時所釋放的物質。皮質醇的濃度愈高，代表

個體承受的壓力愈大。由於親子關係良好的寶寶在進行面無表情實驗時的皮質醇濃度較低，卓尼克因此推論，這應該是因為這些寶寶從過去的良好親子互動經驗中已習得一件事，就是當親子關係暫時不順時，其實不用太擔心，因為很快就會恢復正常。由此可知，看似平凡無奇的日常親子互動，其實也會影響寶寶當下的壓力反應，以及小孩未來如何面對壓力。

卓尼克的這項發現，也算是對那些主張「極端親子互動模式」的支持者提出警訊。有些親子互動的「專家」，會建議家長在聽到寶寶哭喊時先不要理會，等寶寶哭累了再去抱抱他們並檢查是否無恙即可。之所以這樣建議，是因為根據制約學習理論，如果在寶寶哭鬧時馬上回應並給予安撫，那寶寶就會知道哭鬧有用，未來也會變本加厲使用哭鬧的方法來進行情緒勒索，以達到他們想要的目的。這樣的說法雖然有部分道理，但是事實上卻欠缺全面考量，因為卓尼克的發現告訴我們，如果寶寶和主要照護者之間的社交互動不良，就有可能造成巨大的心理和生理壓力，並因此對大腦、身體與心理發展造成負面影響，寶寶未來也可能會因此出現焦慮、缺乏安全感，以及不信任他人等不良後果。此外，三個月大的寶寶通常只有在生理需求（例如飢餓和便溺後的不舒適感覺）出現時才會哭鬧，因此即時回應寶寶的需求與社交訊號，應該才是正確的做法。如果真的擔心寶寶因此學會使用哭鬧手段來予取予求，大可等孩子年紀稍長再進行矯正。讓寶寶在年幼時期擁有足夠安全感和良好社交經歷，才是健康心理發展的關鍵。

一歲的幼兒會引導你的注意力，並分享自己的關注與興趣

根據卓尼克的研究結果，我們知道三個月大的寶寶就已經擁有主動參與社交互動的能力與欲望。然而，如此的互動只能算是兩個人之間的二元共享式注意力（**dyadic joint attention**），這和成熟的三元共享式注意力（**triadic joint attention**）仍有差距。所謂的「二元共享式注意力」，指的是兩個人都明白「你我正在互動」的動作和意圖，就像是卓尼克實驗中的兩人親子互動那樣。而「三元共享式注意力」，則是兩個人都明白「你我對於某個外在事物」的動作和意圖，比方說

兩個人都在關注某物體，並且同時透過觀察（眼神交流或溝通）來明白對方也正在關注同一個物體。這項能力雖然比較複雜，但在十二個月大的嬰兒身上也已經出現。

例如美國聖路易斯大學（**Saint Louis University**）的瑪琳達．卡本特（**Malinda Carpenter**）團隊，就特別針對嬰兒的三元共享式注意力進行過多項研究。他們想知道，當寶寶在社交互動過程中用手指物時，究竟代表什麼意思？這樣的手勢，是單純的表達「我要」，抑或可能只是試圖想引導大人的注意力，藉此分享自己的關注和興趣？

為了回答這個問題，卡本特找來了十二個月大的嬰兒，並在他們的面前進行木偶劇場表演。當嬰兒看到表演並出現用手指向木偶的動作時，在一旁負責照護嬰兒的大人就會進行以下四種可能的回應。第一種回應方式，是以三元共享式注意力的方式進行回應，也就是大人會先看看木偶，然後再看看嬰兒，並重複數次且做出適切的情緒回應。第二種回應方式，則是從頭到尾只看著嬰兒的臉並做出情緒回應。第三種回應方式，是從頭到尾只看著木偶。第四種回應方式，則是完全不理會嬰兒。

結果發現，當大人以第一種方式回應嬰兒時，嬰兒很快的就不會再用手指向木偶，至於其他的回應方式，嬰兒則會一再的用手指向木偶。這個結果顯示，當成人用三元共享式注意力的方式去回應嬰兒的指物動作時，嬰兒的關注需求很快就被滿足，因此馬上不再做出指物動作。而在其他刻意忽略某些資訊的情境（忽略木偶、忽略嬰兒，或完全不理會），由於嬰兒的關注需求無法被滿足，所以才會不斷的做出指物動作。由此可知，十二個月大嬰兒的手指物動作，應該是在試圖引導大人的注意力，藉此分享自身的關注和興趣（**Liszkowski et al., 2004**）。

催產素會促進雌鼠的親子互動行為

在看完嬰兒與成人之間的社交互動研究後，我們現在已經知道，嬰兒不但很早就已經發展出社交互動的意願和能力，而且似乎也樂於如此。接下來，我們要繼續追問一個重要的問題，就是為什麼嬰兒樂於親子互動（成人亦然）？人類的親子關係連結，背後是否涉及特殊的生理機制？

關於這個問題，首先我們必須承認，照顧嬰兒其實是非常艱鉅且痛苦的事。嬰兒有著異於成人的作息時間和脆弱身體，加上嬰兒只能情緒表達無法語言溝通，照護者通常會因此承受巨大的生理和心理壓力。既然照顧嬰兒極為艱難，為何父母仍會堅持呢？這個問題的部分答案，就是催產素（**oxytocin**）的影響。

「催產素」這個小小的荷爾蒙背後，其實連結了多位諾貝爾獎得主。一九三六年因為發現神經傳遞物質乙醯膽鹼（**acetylcholine**），而獲得諾貝爾生醫獎的英國生理學家戴爾爵士（**Sir Henry Dale**），曾在一九〇六年將腦下垂體後端的萃取物注射到小動物體內，結果觀察到子宮收縮的現象。後來他純化了其中的關鍵化學物質，並取名為催產素。催產素被廣泛應用於幫助婦女催產和泌乳，並因此吸引了化學家與生物化學家的注意。一九五三年，美國的生物化學家文森·狄維尼奧（**Vincent du Vigneaud**）完成催產素的九個胺基酸結構定序，並成功以人工方式合成催產素，兩年後獲頒諾貝爾生醫獎。

七〇年代開始，催產素的其他效用開始逐步被發現。當時的生物行為科學家，在老鼠身上觀察到一個有趣的現象：沒生過寶寶的雌鼠不太喜歡新生幼鼠，當這些雌鼠遇到新生幼鼠時，通常不是逃之夭夭，就是凶狠的攻擊，但是只要雌鼠生下了自己的寶寶，她的行為就會陡然丕變，宛如母性被瞬間喚醒。由於催產素是生產時伴隨出現的荷爾蒙，因此科學家便猜想，或許催產素在促進生產之餘，也同時改變了雌鼠的行為？

有鑑於此，科學家就在沒有生產過的雌鼠身上注射催產素，想知道這些雌鼠是不是會因此出現母性的行為。結果發現，在注射催產素後的短短兩個小時內，這些雌鼠果然展現出各種照護幼鼠的行為，例如築巢和為幼鼠理毛等，這樣的行為甚至可以維持長達十天之久（**Pedersen & Prange, 1979**）。相反的，當產後的雌鼠被注射催產素抑制劑時，雌鼠對幼鼠的回應就會變得非常緩慢，有時候甚至會完全忽視幼鼠的存在（**van Leengoed et al., 1987**）。由此可知，催產素不但有促進生產和泌乳的功能，也可以對雌鼠的親子互動行為產生正向影響。

你可以「選擇」親子關係，全心全力照顧寶寶

同一時期的發展心理學界，也因為催產素而有全新發現。九〇年代的發展心理學家，尚未對親子關係的連結有太多理解。當時，對此問題充滿興趣的露絲・費德曼（**Ruth Feldman**）剛好閱讀到生物學界的催產素研究，於是便迫不及待的對人類受試者展開相關探究。

費德曼在一系列的研究中發現，人類女性身上的催產素濃度，並不是只在生產時才會升高，而是早在懷孕期間就已經開始狂飆，而且催產素升高的量和母親對胎兒的關愛連結程度成正相關，也就是說，當催產素的濃度愈高時，孕婦對胎兒的關愛就愈強（**Levine et al., 2007**）。此外，母親生產後的催產素濃度也會維持在高檔至少六個月，並且在這段期間內，母親體內的催產素濃度愈高，對嬰兒也會展現更多關愛行為（例如較常用「兒語」對寶寶說話、表現出較多的正向情

緒，以及有較多的關愛觸摸等）。

更讓人驚訝的是，父親身上的催產素濃度也一樣會在寶寶誕生後升高，而且和父親與寶寶的互動程度成正比。這個結果顯示，生產的生理行為並不是改變催產素濃度的必要條件。即使沒有經歷過生理上的生產過程，父親一樣會因為嬰兒的誕生而改變體內的催產素濃度（**Gordon et al., 2010**）。

雖然父親體內的催產素濃度和行為，也會因為嬰兒的誕生而出現變化，但是一般來說，母親的行為改變會比父親的變化更明顯。費德曼在檢視父親和母親的大腦反應後，發現母親腦中杏仁核（**amygdala**）的反應比父親更為顯著。杏仁核是腦中和情緒與警覺有關的區域，母親腦中較為敏感的杏仁核反應，可以很合理的解釋為什麼媽媽總是警惕與擔心。每次只要一有風吹草動，媽媽就會十萬火急的衝向寶寶，其實就是因為杏仁核在背後作祟。

然而，媽媽的大腦之所以對嬰兒的反應比爸爸劇烈，究竟是因為男性和女性的生理差異所致，還是因為女性通常會花比較多的時間和心力去照顧寶寶呢？針對這個問題，費德曼在二〇一四年發表的研究中，尋找有領養寶寶經驗的男同性戀伴侶來進行研究。如果媽媽的大腦對嬰兒反應較劇烈的原因，是來自於女性的生理特質，那麼男同性戀者照顧寶寶時的大腦反應就不會如此強烈。反之，如果媽媽的大腦對嬰兒反應較劇烈的原因，是因為花了比較多的時間和心力照顧寶寶，那麼男同性戀者照顧寶寶時的大腦反應，應該就會和女性的媽媽一樣強烈。

結果發現，當男同性戀者在家中扮演全職的嬰兒照護角色時，他們的大腦反應幾乎和異性戀夫妻中的母親大腦反應一樣強烈。這個結果告訴我們，儘管懷孕、生產和哺乳會讓母親體內的催產素濃度上升並改變大腦反應，但是任何人只要全心投入照顧寶寶，也會在催產素濃度及大腦反應出現一樣的效果。換言之，無論你是寶寶的親生父母或養父母，只要你選擇全心照顧寶寶，就會出現生理和大腦的變化（**Abraham et al., 2014**）。由此可知，親子關係並非只是生物命定，更可以是一種「選擇」。當你選擇成為寶寶的父母時，改變就會出現。

當我第一次讀到這些與催產素相關的文獻時，才終於明白孩子出生後發生在自己身上的變化。自有印象以來，我的個性一直是偏向理性和冷漠，除了十分專注於自然觀察和邏輯推理，幾乎不曾對任何事物有過任何的「感動」。然而在孩子出生後，平常的電視劇和電影也可以輕易讓我涕泗滂沱。這種由子女照護行為所帶來的強大生理、心理與大腦變化，目前已經引起許多科學家的注意，期望未來的研究可以為我們找到更多意想不到的發現。

基因和生理，也可以主宰人類行為嗎？

上述的催產素研究，讓我們看到生物化學機制對人類行為的強烈影響。由此我們可以做出另外一個方向的延伸思考：人類的行為除了可以用常識心理學中的欲望和信念來解釋，是否也可以用純生物或純生理的驅力來解釋？換言之，用常識心理學的方式推論行為背後的動機（欲望和信念），有沒有可能只是一廂情願？某些人的某些行為，有無可能不是由一般的欲望和信念所驅動，只是純粹受到生理驅使？

還記得本章一開始提到的康乃爾家族嗎？雖然從常識心理學的角度來看，湯瑪士可能是因為心中的欲望（因為生活上的不和睦而希望母親消失）和信念（相信謀殺的手段可以讓母親消失），導致他做出殺害母親的行為。然而，有沒有可能在他的行為背後，有著更純粹的生理原因呢？例如，有沒有可能只是因為他的大腦運作異常，才導致脫軌的犯罪行為？

對於這個問題，加州大學爾灣分校（**University of California, Irvine**）的神經科學家詹姆斯・法隆（**James Fallon**）或許找到了部分答案。在法隆的一項研究中，他發現心理變態者（**psychopath**）有一項共同的大腦特徵，就是他們的前扣帶皮質（**anterior cingulate cortex**）等特定腦區都有缺陷。而且一次無意間的自我大腦掃描檢查後，法隆赫然發現自己的大腦和這些心理變態者一樣，都有著相同的缺陷。經過持續抽絲剝繭深究之後，沒想到還有更令人訝異的事實等著他：原來法隆也是康乃爾家族的後代子孫，而且這個家族的血腥歷史之長遠，令人不寒而慄。在一六七三年到一八九二年之間，法隆的父系家族中，就有三件謀殺親人的指控或定讞案例。而祖父輩的家族旁支中，也有多人是凶殺犯或凶殺嫌疑犯。甚至法隆的遠祖中，還有一位大名鼎鼎的人物，就是英格蘭國王約翰（**King John Lackland**）。歷史學家拉爾夫・赫伯特・特納（**Ralph Herbert Turner**）曾經把約翰王喻為英國最邪惡的暴君。約翰王殺死了自己的父親，而且他的兒子們也都有著好勇鬥狠和冷血殘暴的惡名。或許不幸中的大幸，是這個家族偏好自相殘殺，而不是對外殺戮，可能也因此讓相關的基因逐漸在後代中被稀釋而消失。

法隆的家族史，讓我們發現一個事實，就是人類的行為有時候似乎是受基因和生理的掌控。究竟人類的行為有多少成分是先天決定？又有多少比例是後天養成？我們將在下一章中，為大家介紹這個歷史悠久的科學爭議！

Chapter 5

孩子感到害怕，是先天帶來或後天習得？

——行為反應與學習能力

管教孩子請謹記「堅持」原則。
處罰的重點不在嚴厲程度，
「立即」而且「確定」才是成效關鍵。

基因填裝子彈，而環境扣下扳機。
（Genes load the gun, but environment pulls the trigger.）

——布魯斯・利普頓（Bruce Lipton）

人類的各種行為與認知能力，究竟是天生帶來，還是後天習得？這個問題，在十六世紀、十七世紀的哲學界引起巨大爭議。其中一派哲學家認為，所有的知識都是透過後天習得。例如約翰・洛克（**John Locke**）和大衛・休謨（**David Hume**）等哲學家就主張，我們的心靈在出生時就像是一張白紙或一塊白板，不帶有任何先天的知識。由於他們認為，人類的一切知識都是來自後天的感官經驗，因此這個學派也被稱為「經驗論」（**Empiricism**）。

站在「經驗論」對立面的，則是「先天論」，或稱「理性論」（**Rationalism**）。理性論的哲學家包括勒內．笛卡兒（**René Descartes**）和哥特佛萊德．威廉．萊布尼茲（**Gottfried Wilhelm Leibniz**）等人，他們認為感官經驗經常出錯，所以無法透過此方式得到正確知識，因此像是數學或演繹邏輯等真理知識，只有依靠理性思維才有可能獲得。

到了十七世紀、十八世紀時，先天論逐漸占上風。當時各個領域都有許多人相信：自然的天生力量對生物有很大的影響力，而且這種影響力還可以遺傳給下一代。例如在農業與畜牧業，人們很早就發現可以透過人擇的育種方式，培育出各種特殊型態的作物和牲畜。目前關於動植物育種的最早歷史記載，應該是出現在西元前八世紀的迦太基帝國與古羅馬帝國。而近代最知名的例子，則是英國的農業畜牧學之父羅伯特．貝克威爾（**Robert Bakewell**）。十八世紀末期，貝克威爾在英國培育出一系列至今仍然為人所熟知的知名畜牧品種，像是林肯長毛綿羊（**Lincoln Longwool**）、萊斯特長毛綿羊（**Leicester Longwool**）、長角牛（**Dishley**

Longhorn），以及高大俊俏且力大無窮的夏爾馬（**Shire Horse**）等。而在生活娛樂方面，人擇育種的方法同樣也讓先天論出盡風頭，舉凡英國賽馬的體力和速度，以及各種觀賞犬或獵犬的毛色和個性等，都是在人為的刻意選擇下，歷經一代又一代的改良後所培育出來的。

先天論叱吒風雲的現象，也出現在十九世紀的科學界。一八九五年，查爾斯・勞勃・達爾文（**Charles Robert Darwin**）出版了《物種起源》（*On the Origin of Species*），當時他的演化論靈感，除了來自對自然界野生動物的觀察心得，其實也和各種人擇育種現象有關，因此可以說是和先天論一拍即合。同一時期的遺傳學之父格雷高爾・約翰・孟德爾（**Gregor Johann Mendel**），也透過培植豌豆，發現了豌豆某些生物特徵的遺傳規則。這兩位十九世紀的科學巨人，讓先天論如步月登雲般的碾壓後天論。

先天論淪為政治操弄，負向優生學衍生許多爭議

正所謂「一切皆為政治服務」！如日中天的先天論，自然也逃不出政治的魔掌。先天論和政治的糾葛，早在古希臘時期就已經浮現。哲學家柏拉圖（**Plato**）就曾經主張，透過「選擇性的生育」來培育社會特定階級人士，例如侍衛的工作，柏拉圖就認為應該先挑選出身強體壯、忠誠服從的男女，並讓他們去生育出具有類似特質的下一代來擔當此任務。

十九世紀的法蘭西斯．高爾頓（**Francis Galton**），更在政治領域把先天論推向高峰。高爾頓是達爾文的遠房親戚，他受到達爾文演化論的影響，也提出自己的一套理論，也就是名聲極盛的優生學（**Eugenics**）。高爾頓主張，具有某些優良特質的家庭，應該要在政府的獎勵下進行生育。透過這樣的方式，優良的生物行為特質就可以在族群中增加和擴散。我們現在把這樣的主張稱為正向優生學（**Positive Eugenics**）。

然而高爾頓所主張的正向優生學，很快就被有心人士推向另一個極端，也就是所謂的負向優生學（**Negative Eugenics**）。負向優生學主張，除了正向鼓勵具有優良特質的人進行生育，可能也需要積極阻絕那些負面的生物特質。因為負向優生學的提倡者認為，如果讓帶有負面特質的人持續生育，他們的不良後代就會對國家社會造成負面影響。負向優生學的這種想法，二十世紀在世界各地都造成實質衝擊。例如美國就曾依據負向優生學的概念，在一九〇七年制定了《強制絕育法》（**Forcible Sterilization Laws**），當時美國許多州都可以根據這項法律，對犯人或心智障礙者進行強制絕育。

更令人遺憾的是，雖然生物學家在大約一九二〇年代晚期，就發現遺傳並不是唯一影響人類行為的因子，因此優生學在科學上其實站不住腳，然而在政治上，卻依然無法阻擋負向優生學的蠻橫影響力。當時，包括美國和德國等許多大國，都可以見到負向優生學所衍生的諸多負面法規和政策。

因為錯誤科學認知被強制絕育

一九二〇年代，爆發美國最著名的負向優生學爭議案例，也就是發生在維吉尼亞州的「巴克訴貝爾案」（**Buck v. Bell**）。當年的維吉尼亞州剛通過強制絕育法，嘉莉．伊麗莎白．巴克（**Carrie Elizabeth Buck**）女士因為疾病的關係而有癲癇和智力障礙等問題，於是在約翰．亨德倫．貝爾醫師（**John Hendren Bell**）的建議下，巴克成為維吉尼亞州第一位被強制絕育的人。這個事件隨後引發人權爭議，促成了巴克訴貝爾案。一九二七年，全案進入美國最高法院進行審判，審判結果以八比一判決巴克敗訴。敗訴的原因，主要是因為當時的法官缺乏足夠科學認知，誤以為優生學在科學上沒有明顯錯誤。更糟糕的是，這樣的錯誤觀念還延續許久，截至一九七四年為止，光是維吉尼亞州就有超過八千人在強制絕育法下被禁止生育後代。

後來的一些科學證據顯示，當年包括巴克在內的許多被強制絕育者，其實都沒有遺傳上的缺陷。也就是說，他們的病徵是後天且不會遺傳的，但令人遺憾的是，這些科學證據來時已晚，許多人已經在強制絕育法下犧牲，被迫接受無可挽回的結果。

除了美國，高爾頓優生學在歐陸的影響力更是無遠弗屆。高爾頓是第一個提出「人體測量學」（**anthropometry**）概念的人。他主張透過測量生理上的外觀特徵差異（例如鼻翼寬度等臉部特徵），來作為區別或分辨不同人種或群體的方式。最早發現三種不同指紋型態（斗狀紋、箕狀紋和弧狀紋）的人，也是高爾頓。而這些人體測量學的方法，後來也被納粹德國用來當做區辨雅利安人和猶太人的方法，藉此進行種族隔離和清洗。

從這些案例可以看出，整個十九世紀和二十世紀初期，可以說是先天論所主宰的時代。不過，正所謂「全則必缺，極則必反」，就在先天論鼎盛之際，對立面的後天論也開始逐漸崛起反擊。

行為主義崛起成為主流，制約學習名留青史

在十九世紀和二十世紀交接的年代，心理學界出現了一個強勢流派，我們現在稱為行為主義（**behaviorism**）。行為主義當年之所以崛起，是源自對心理學主觀內省法的反動。行為主義者認為，科學的範疇只能侷限在可被觀察的事物上，由於人的內心狀態具有主觀性而無法被客觀觀察，所以應該被排除在科學的研究範疇之外。因此，行為主義者把大量的時間和精力都投注在研究動物和人類的外顯行為，特別是記憶和學習這兩個主題。由於行為主義學者對於學習現象的大量相關發現，意外顯示出生物在後天得以進行各種多樣深度學習的強大能力，因而對先天論造成嚴峻挑戰。

在行為主義學家中，最知名的先驅人物就是伊凡．帕伐洛夫（**Ivan Pavlov**）。帕伐洛夫以他的心理學行為制約實驗名聞遐邇，但很多人都不知道他原本是一位生理學家，而且還是月中折桂的頂尖生理學家。一九〇四年的諾貝爾生醫獎，就

是頒給帕伐洛夫，以肯定他對動物消化系統的研究。至於後來讓他名留青史的心理學行為制約研究，其實只是當時研究動物消化系統時的意外發現而已。

當年帕伐洛夫在研究動物的消化系統時，並沒有採用活體解剖的方式，而是自己發明了一套手術和測量系統。他透過精密手術在動物的消化道切出小口，然後掛上容器去測量各種消化液在不同情境下的分泌狀態與數量。實驗的過程中，帕伐洛夫偶然發現了一個奇特的現象：這些實驗動物的消化液分泌狀態，常常會出現一些「預知未來」的現象，例如實驗中的狗常常會在食物根本還沒出現之前就開始大量分泌唾液。經過抽絲剝繭的研究後，帕伐洛夫終於明白，原來這是學習的關鍵機制所導致的現象。他發現，環境中原本有許多「中性刺激」（也就是不會引發任何行為反應的刺激），但是在經過學習程序後，這些「中性刺激」最後就會變成可以引發特定反應的刺激。例如在他的實驗中，鈴聲這個中性刺激會和食物一起重複出現，而在重複的學習完成後，只要單獨呈現鈴聲，狗就會出現流口水的反應。這就是所謂的制約學習。

恐懼可經由後天制約習得

帕伐洛夫的研究結果，在美國的心理學界掀起了一股行為主義熱潮，其中一位代表人物就是約翰．布羅德斯．華生（**John B. Watson**）。華生認為，人類的大腦就是一個巨大又複雜的反射機器，只要透過制約學習，就可以改變任何一個人，使其學會各式各樣的行為。依據這樣的信念，華生把帕伐洛夫曾在動物身上進行過的制約學習典範全數搬到了人類身上。而其中最知名的一項研究，就是小艾爾伯特實驗（**Little Albert experiment**）。

在一九二〇年代，有先天論者主張，人類天生就會對一些事物感到恐懼，例如害怕從高處摔落，以及害怕巨大聲響等。華生身為支持後天論的行為主義者，自然對這類先天論的主張不以為然。華生認為，所有的恐懼應該都是後天習得。為了要提出證據支持自己的恐懼習得理論，於是他想出了一個違反當代倫理規範的實驗，就是把小嬰兒放在制約學習的情境中，看看小嬰兒究竟會不會因此習得恐懼。

這個實驗的受試者，是一位名為艾爾伯特（**Albert**）的八個月大嬰兒。這位小嬰兒原本對老鼠和一些小動物不會感到害怕。在實驗中，每當小老鼠出現在艾爾伯特的眼前，華生就會同時製造出巨大聲響把他嚇哭。實驗最後的結果發現，在制約學習過程結束後，艾爾伯特只要一看到小老鼠，就會出現恐懼的哭泣反應。華生因此主張，所有的行為都是後天習得，而所謂的恐懼症，其實也都是制約學習所產生的後天恐懼連結而已。

操作制約常運用於育兒、教學，以及動物行為訓練

美國另一位行為主義大師伯爾赫斯．弗雷德里克．史金納（**B.F. Skinner**），則是另闢蹊徑，找到了另一種制約學習機制。相對於帕伕洛夫的「古典制約」（**classical conditioning**），我們現在把史金納的制約學習機制稱為「操作制約」（**operant conditioning**）。

帕伐洛夫的古典制約學習，是在學習兩個事件之間的前後關聯性（例如鈴聲和食物），好讓我們可以在感知前一個事件（鈴聲）時，立即預期後一個即將到來的事件（食物），以利提前做出反應。而史金納的操作制約學習，則是在學習自身做出某個行為後的效果。比方說，如果做出一個行為後會得到獎賞，那麼該行為就會被強化；但是如果做出一個行為後會得到處罰，那麼該行為就會被弱化。這種根據行為操作結果來進行學習的方式，就是操作制約學習。

操作制約中的強化（**reinforcement**）和處罰（**punishment**），又可以再各自區分為「正向」與「負向」，所以一共有四種形式：（一）正向強化，就是透過「加入」或給予對方喜歡的東西，來強化某行為。比方說，如果你希望小孩用功念書，而且你又知道小孩喜歡被稱讚，那就可以在小孩用功念書之後給予稱讚來當做獎勵，用以強化他用功念書的行為。（二）負向強化，則是藉由「移除」對方不喜歡的事物，來強化某行為。比方說，你可以在小孩用功念書後，免除他當天的日常打掃勞務。這種做法，也可以達到強化用功念書的功效。（三）正向處罰，就是透過「加入」對方不喜歡的東西，來達到抑制某行為的效果。例如，當小孩不用功念書時，予以責罵。（四）負向處罰，就是你可以「移除」對方喜歡的東西，來達到抑制某行為的效果。例如，小孩不用功念書，就沒有零用錢。

這四種操作制約的方法，不但常被運用在育兒和教學，也被廣泛用來訓練各種動物行為。比方說，史金納就曾經訓練鴿子用嘴去啄螢幕，藉此操控電玩遊戲中的乒乓球方向，以及虛擬飛彈的射向。二戰期間，史金納甚至還一度成功把鴿子放在真的飛彈中，去操控飛彈的前進方向，但是不知道該說是可惜或幸運，這項計畫最後因為沒有受到美國聯邦政府的青睞而無疾而終。無論如何，操作制約可以算是非常有效的一種動物行為訓練方式，警犬的偵測炸彈和毒品行為，還有馬戲團和動物園的動物表演等各種令人嘆為觀止的動物行為，幾乎都是透過這樣的操作制約訓練來達成的。

建議用「正向強化」與「負向處罰」管教孩子

雖然有以上四種操作制約的學習方式，但是目前大部分的專家都會建議，在管教小孩的時候，只適合使用其中的兩種，也就是正向強化和負向處罰。正向強化，就是在小孩做出好的行為時，給予獎勵；負向處罰，就是當小孩做出不好的行為時，移除他喜歡的東西。

然而大家應當注意的是，在教養小孩時，上述這兩種操作制約其實頗有執行上的難度，若自己不夠堅持，可能就會弄巧成拙，甚至適得其反。比方說，大家應該常常聽到一種面對低學齡孩童哭鬧的建議，就是當小孩以哭鬧的方式來要求他想要的東西時，應該先不理會也不責罵，等到小孩哭鬧完畢、願意靜下來好好說的時候，才能給予他想要的東西。這個方法在原則上沒有什麼太大的問題，因為同時採用了上述建議的兩種操作制約方式：一種是負向處罰，就是在小孩哭鬧時不給他想要的；另一種則是正向強化，亦即當小孩靜下來時才給他想要的。

然而世事總是知易行難，當父母面對小孩哭鬧的實戰場景時，常常做不到上述準則。父母在面對小孩哭鬧時，偶爾可能會堅持不住，當看到小孩哭天搶地，而且又被路人指點白眼時，或許就會心軟妥協，應允孩子的要求。殊不知，父母只要妥協一次，孩子的哭鬧行為就會獲得一次正向強化，因為小孩會發現，哭鬧可以獲得獎賞。換句話說，父母只要一屈服，就等於強化了小孩的哭鬧求取行為，下次小孩可能就會變本加厲出現更誇張、更頻繁的哭鬧。

同樣糟糕的是，當父母心軟妥協，並且順從小孩的哭鬧要求時，父母自己這種「順從小孩」的行為，也獲得了負向強化。因為當父母順從小孩後，就會發現小孩馬上就不哭了，而「惱人的小孩哭聲消失」基本上就是「移除了父母不喜歡的事物」，既然父母順從小孩的行為獲得了負向強化，那麼下次當小孩再度哭鬧時，父母可能就會更快的放棄堅持，並且也會在未來更頻繁的放棄堅持。於是，小孩和父母之間的行為模式形成相互強化的迴圈，最後導致小孩只要一哭鬧，父母就會馬上順從，然後一直惡化下去。

有鑑於此，父母應該謹記「堅持」的原則。切記！在執行正向強化和負向處罰時，一定要沉穩堅定，因為只要一次妥協，小孩的惡行和自己的妥協行為就都會被強化，最後導致前功盡棄。

正向處罰的重點在於「立即」且「確定」

由上述的例子可以知道，雖然執行不易，但在管教孩子時仍應該要使用正向強化和負向處罰。這時大家一定會好奇，那正向處罰呢？為什麼不建議使用像是「體罰」這樣的正向處罰方式？

專家一般都不建議體罰，因為體罰的缺點可以說是罄竹難書。概而言之，體罰除了會造成小孩身心受創，其實還有比較細緻難察的三大缺點：第一，體罰的成效短暫，而且施暴者的行為會獲得正向強化，並且因此產生惡性循環。第二，會產生情境規避與泛化的厭惡感，導致孩子討厭所有相關事物。第三，會出現效法效應。

第一個缺點，就是受罰者的成效短暫，而且施暴者會出現惡性循環心理。對受罰者來說，體罰通常只有短暫的立即效用，一旦體罰結束，孩子很容易就會恢復原狀。主要是因為大多數的孩子都懂得察言觀色、趨吉避凶，體罰當前當然會先稍微低頭佯裝懺悔，但在體罰結束後又是故態復萌好漢一條。而對施暴者來說，由於體罰小孩時通常會在當下看到立竿見影的效果，因此很容易會讓施暴者覺得體罰有用，此時施暴者的體罰行為就會獲得正向強化，而下次就會繼續變本加厲的體罰，最後產生惡性循環。同樣的情況也會出現在家暴和一些施虐行為的情境中，所以大家一定要切記暴力和體罰容易對施暴者產生這樣的心理後果，避免落入暴力行為不斷被正向強化的惡性循環。

體罰的第二個缺點，就是會導致情境規避與泛化的厭惡感。以學校的體罰為例，當學生知道某些情境下會被體罰時，可能會直接選擇避開那些會導致體罰的情境。例如當學生知道考試考不好時會被體罰，可能就會直接請假不去考試。一旦學生出現這種情境規避的應對方法，當初的體罰不但無法達到讓學生念書的原意，甚至會出現反效果。同時，學生可能還會產生泛化的厭惡感。也就是說，學生討厭體罰的心態，可能會泛化到體罰者（老師）與整個體制，這同樣也會造成學生的逆襲，與原本想要引導學生念書考試的目標背道而馳。

體罰的第三個缺點，就是容易出現效法現象，使受罰者誤以為暴力和權力操控就是解決問題的方法。雖然人類社會的本質可能尚未脫離此道，但是這樣的做法對於理想文明的演進，其實是很不好的示範。

然而，在我們貶抑體罰時，仍需明白其背後的潛藏價值。體罰或處罰的缺點雖然有如擢髮難數，難道處罰真的沒有半點好處嗎？「處罰」，特別是「正向處罰」這種操作制約方式，到底應該要在什麼時候使用，才能促進學習呢？其實正向處罰並非一無是處，事實上，當人類在大自然探索周遭環境時，正向處罰是極為有效的學習方式，特別是在遭遇危險的時候。所謂「一朝被蛇咬，十年怕草繩」，基本上就是透過正向處罰，而確實記住教訓的經典例子。相關研究也發現，正向處罰時的嚴厲程度，通常無關緊要，真正的關鍵是「立即」而且「確定」的處罰。我們以冒煙的水壺為例，如果你原本不知道冒煙的水壺表示很燙，只要你被燙過一次，馬上就會學到教訓。這種學習不需要等到真的發生嚴重燙傷，只需要稍微燙到、稍微感受有一點痛和恐懼，馬上就會形成鮮明記憶。相較之下，如果有某個行為，必須是你每做一百次才會被嚴重處罰一次，那你可能不容易學到教訓，甚至還可能心存僥倖繼續嘗試。所以說，立即且確定的輕微處罰，通常會有最好的學習效果。

上述關於行為主義的諸多發現，可以觀察到後天學習的強大影響力。後天論也因此重振旗鼓，得以繼續和先天論抗衡。這兩派人馬的亙古戰役，甚至持續往後延燒到現代發展心理學與教育心理學。在下一章，我們將從幾項有趣的研究著手，看看這兩派學者，如何各自發展出繽紛迴異的世界觀與教育哲學。

Chapter 6

把孩子送進明星學校，為何不能保證升學順利？

——基因對人類生理、心理與認知的影響

教育應該尊重個體差異、適性而教，並協助孩子探索和實現自己的喜好。

基因編程的影響只是統計，而非決定論。
（Genetic programming is merely statistical, not deterministic.）

——克林頓．理查德．道金斯（Clinton Richard Dawkins）

先天論與後天論的爭辯，就像鐘擺一樣，在河東與河西之間不斷來回搖盪。十七世紀以來占盡上風的先天論，終於在二十世紀初期行為主義的挑戰下踢到鐵板，並且更因為二戰期間各國在法律和政治上濫用優生學，使得先天論的錯誤政治立場成了過街老鼠。

二戰結束後，先天論和納粹一同被歷史暫時封印。取而代之的，正是與後天論立場一致的各種心理學流派。除了行為主義在後天學習與記憶領域大放異彩，精神分析學派也協助把後天論推向巔峰。在歷經一戰和二戰的殘酷悲痛與人性黑暗後，諸多精神分析學家都試圖對人類心理特質找出合理解釋。例如佛洛伊德就特別強調自我、欲望，以及經驗的重要性。當時，許多精神病徵都被視為是兒時逆境經驗與自身欲望的綜合後果，像是思覺失調症在當年教科書中的解釋，就是和童年是否遭受父母虐待有關。

然而自二十世紀中期開始，幸運女神又回頭眷顧先天論，一系列的新發現，讓先天論死灰復燃。這一次，先天論在三股新興科學勢力的協助下，兵分三路準備再次問鼎中原。

單一基因就能主宰人類生理

協助先天論的第一股新興科學勢力，就是分子生物學的誕生。一九五三年，弗朗西斯・哈利・康普頓・克里克（Francis Harry Compton Crick）和詹姆斯・杜威・華生（James Dewey Watson）解開DNA雙螺旋結構之謎，於是以基因運作機制為研究核心的分子生物學應運而生，並逐漸成為當代顯學。早期的分子生物學由於工具有限，科學家或實驗室通常只能一次鎖定一個特定疾病，然後再逐步抽絲剝繭，找出背後涉及的基因和機制。雖然這樣的做法曠日費時且進展緩慢，但是在投入大量的人力和經費後，不時會出現扎實的突破性發現。比方說杭亭頓舞蹈症（**Huntington's chorea**）、鐮刀型貧血症（**Sickle cell anemia**），以及囊胞性纖維症（**Cystic fibrosis**）等，都被發現和單一基因有關。這些單基因遺傳疾病，讓世人見識到「單一」基因就能對人類生理產生強大且命定的影響力，先天論也因此有了一個甚囂塵上的新名稱——基因決定論。

基因對生物特徵具高影響力

由於分子生物學這種微觀方式的技術門檻比較高，而且進展稍嫌緩慢，因此許多遺傳學家也同時採用巨觀方式，來研究基因的影響力。其中一項最普遍的做法，就是透過雙胞胎研究，來計算基因遺傳力的「行為遺傳學」。

雙胞胎研究的鼻祖，正是十九世紀提出優生學的高爾頓。雖然高爾頓當時還不明白什麼是基因，但是他已經明確察覺到「生物特質可以遺傳」這個先天因素的重要性。他當年曾經主張，如果想知道先天因素和後天因素對人類的影響，就應該研究雙胞胎。後來，這個主張也成為當代「行為基因學」的重要基礎。

雙胞胎研究的基本邏輯就是：如果先天的影響大於後天，那麼被拆散到不同家庭長大的雙胞胎，應該還是會有很高的行為相似性；反之，如果後天的影響大於先天，那麼被拆散到不同家庭長大的雙胞胎，應該就會有較低的行為相似性。

此外，我們也可檢驗同卵雙胞胎（**monozygotic twin**）和異卵雙胞胎（**heterozygotic twin**）之間的差異程度。同卵雙胞胎是由同一個受精卵分裂出來的兩個相同胚胎，所以基因幾乎一〇〇%相同；而異卵雙胞胎，則是兩個不同受精卵各自發育而成，所以基因相似度較低。透過比較同卵雙胞胎和異卵雙胞胎之間的差異，科學家發現有些行為在同卵雙胞胎之間的表現一致性確實高於異卵雙胞胎。例如對很多疾病而言，同卵雙胞胎都比異卵雙胞胎有更高的「共病率」

（也稱為共發率，就是當雙胞胎其中一人罹患該疾病時，另一人也會罹患該疾病的機率）。以自閉症來說，當同卵雙胞胎的其中一人患有自閉症時，其同卵雙胞手足也患有自閉症的機率是六〇％。相較之下，當異卵雙胞胎的其中一人患有自閉症時，其異卵雙胞手足也患有自閉症的機率則不到一〇％。由此可見，基因對自閉症的影響程度相當高。

總而言之，雙胞胎研究可以告訴我們，基因對某個特定生物特徵的影響程度。雖然這個研究方式無法得知究竟是哪一個（或哪一些）基因影響了該生物特徵，但是卻可以大致估算出先天基因和後天環境的影響比重。研究結果顯示，有諸多生物特徵都受到相當高程度的基因影響，因此行為遺傳學也算是先天論的另一位重要推手。

全基因體關聯性研究的重要價值

雖然行為遺傳學的雙胞胎研究可以顯示基因對某個生物特徵的影響比重，但是此研究取徑的最大缺憾，就是無法得知該生物特徵的背後究竟涉及哪些基因。而這項缺憾，終於在近代由「全基因體關聯性研究」給填上。

「全基因體關聯性研究」（**genome-wide association study, GWAS**）的原理，就是透過直接比對在某一特定生物特徵上相異的兩個群體，以找出其基因變異的位置。比方說，如果想知道思覺失調症所對應的基因變異位置，可以找來兩群受試者，其中一群是健康的受試者，另一群則是思覺失調症患者。接著對所有受試者進行全基因體定序，然後就可以比較這兩群受試者，找出整個基因體中哪些位置有明顯差異。

雖然這個方法價格昂貴，但是卻可以一次在整個基因體上進行搜索，相較於傳統分子生物學一次只能檢視一個基因的方法，效率算是提高許多。自二〇〇二年第一項研究成果發表後，至今科學家已經檢視過數千個以上的疾病和生物特徵，並找出許多對應的基因變異位置。雖然其相關程度與解釋力有時並不算高，但這些發現對於未來研究多基因的複雜疾病機制，仍具有重要價值。

基因對人類的影響遠大於後天因素

了解上述三種研究基因的方式後，讀者應該想知道，如果把雙胞胎研究和「全基因體關聯性研究」兩種方式套用在孩童身上，是不是就能回答，孩童的認知和行為表現有多少比重來自先天遺傳。關於這方面的研究，最知名的學者應該就是英國心理學家和行為遺傳學家羅伯特．約瑟夫．布洛明（**Robert Joseph Plomin**）。

布洛明團隊從一九九四年開始，便執行了一項名為「雙胞胎早期發展研究」（**Twins Early Development Study, TEDS**）的超大型計畫，針對一萬五千個家庭的雙胞胎進行長達二十五年的追蹤調查。他的團隊收集了雙胞胎孩童自出生以來的多項測量指摽，包括學業成績、自我評量、家長評量，以及教師評量等超過五千五百萬筆資料。結果發現，在認知能力、學業表現，以及行為問題的嚴重程度上，同卵雙胞胎之間的相似度都高於異卵雙胞胎。

除了雙胞胎研究，布洛明團隊也透過「全基因體關聯性研究」方式，檢測學業表現與基因的關係。在英國，評估學業表現的一項重要指標，就是十五歲左右學童的中等教育普通證書（General Certificate of Secondary Education, GCSE）測驗成績，為了取得優良的中學會考成績，許多家長都會想方設法、不惜重金的把孩子送往知名私立中學就讀。而根據每年的成績統計結果，知名私立中學學生的GCSE分數也確實高於一般中學的學生，因此長期以來，大家都認為就讀知名私立中學應該有助於提高GCSE分數[1]。

但是，事實真的如此嗎？知名私立中學學生的會考高分表現，真的是因為學校教育所致，還是這些學生本來就有較好的認知能力？這個問題其實也適用在台灣：明星高中學生的聯考表現優異，究竟是因為讀了明星高中後才變得如此，還是因為他們本來就很優秀？

針對這個問題，布洛明團隊透過「全基因體關聯性研究」發現，學生在英國中學會考的成績差異，有六〇%可以用基因差異來解釋。而基因的解釋力，也遠高於家庭社經地位等其他環境因素的解釋力。換言之，家長的金錢與心力投入，以及明星學校的學習環境等後天因素，可能都比不上「基因」這個先天因素的影響力。

尊重個體差異，順著孩子的天生個性教養

布洛明的研究結果，雖然在某種程度上支持基因決定論，但值得留意的是，這些科學發現的原始政治含意應該是中立的。也就是說，基因決定論的相關發現，不必然會導致特定政策。事實上，擁有不同政治意識型態的人在面對這些科學事實時，可能會產生截然不同的社會與教育政策。

例如有些人可能會認為，如果基因決定了學業表現，政府就應該把更多資源投入資優教育，才能培育出頂級的菁英人才，以提升國家競爭力。相反的，也有些人可能會認為，如果基因決定了學業表現，政府就應該要把資源投入特殊教育，以及中低程度學生的補強教育，因為唯有把中低程度學生的智識水準提升到

一定程度，才能確保多數人的最大福祉，以及國家社會整體運作的最大利益。由此可見，同一個科學事實，可能會因為意識型態不同，而衍生出完全相反的政治含意與政策。從這個角度來看，過去對於基因決定論可能會導致類似納粹主義的擔憂，或許也就可以稍微緩解，因為當年的德國之所以會如此，可能只是納粹政府刻意選擇了基因決定論來正當化自身的惡行，而不是因為基因決定論必然會導致納粹。

此外，布洛明對教育的看法，也比許多人以為的要開明很多。布洛明認為，雖然基因對孩子的性格和行為表現有巨大的影響力與預測力，但並不代表要因此放棄介入，也不代表就要任由孩子自生自滅。恰恰相反的，我們可以做的是尊重個體差異，並且順著孩子的天生個性，來採取不同教養方法。在基因決定論的世界觀下，家長在教育孩子時的憂心與自責也可以獲得解放，不需要再擔心教養上的一個小錯誤就會毀掉孩子的一生。只要明白這一點，家長就不會再強加自己的意志與想像在孩子身上，也不會再強迫孩子成為家長想要的樣子。支持先天論的家長，或許更能夠協助孩子探索和實現自己的獨特喜好，並且適時放手讓孩子順性成長。

人類的氣質會隨時間與親子互動等環境因素而變化

雖然當代的遺傳學研究發現了基因的強大影響力，但是後天論的學者並沒有因此被擊潰。相反的，許多研究也顯示出大腦與心智的後天可塑性。例如美國華盛頓州立大學（Washington State University）的發展心理學家瑪麗亞．賈特斯坦（Maria Gartstein），就曾針對嬰兒的氣質（temperament）進行深入研究。氣質（個性）泛指個體對刺激的情緒反應傾向，以及後續的心情與行為調適方式。傳統觀點認為，嬰兒的氣質（例如有些嬰兒可能比較情緒化，有些則相對平靜）是先天且固定的，然而賈特斯坦的研究結果卻對此觀點提出挑戰。

在二〇一七年，賈特斯坦透過實驗，對六個月大的寶寶進行氣質評量。她測量嬰兒在看到可怕面具時的各種行為反應（包括瞪大眼睛的變化、眉毛動作變化、凝視時間、眼神逃離程度、哭泣與逃避反應，以及討抱程度等多項指標），而且每隔兩個月測量一次，直到一歲大為止。結果發現，寶寶的恐懼反應會隨著年紀成長而變強。此外，寶寶的恐懼反應似乎也會因為父母的教養方式而有不同：如果母親比較關注小孩的需求、而且可以對小孩的需求做出比較快速和適切的反應，小孩的恐懼反應就會比較小。賈特斯坦認為，這些研究發現顯示氣質並不是固定不變的特質，而是會隨著時間、母嬰互動等環境因素而不斷變化。

類似的發現，也反映在腦造影的實驗結果。二〇〇九年，瑞費奇葛拉波（**Anne Rifkin-Graboi**）在新加坡完成了一項大型研究（**GUSTO Study**：新加坡健康成長研究計畫）。她針對出生幾週的嬰兒先進行一次大腦掃描，並在接下來的幾個月中，觀察母親回應嬰兒需求的迅速程度和適切程度，例如：母親能否迅速注意到嬰兒正在注意的事物？嬰兒哭泣時，母親經過多久時間會予以安撫？當嬰兒想抓取玩具時，母親會讓嬰兒自己選擇，還是代為選擇？六個月後第二次掃描寶寶的大腦，然後進行大腦的前後變化比較。結果發現，母親的教養方式和海馬迴的大小變化有關：獲得較少母親關注的寶寶會發展出較大的海馬迴。瑞費奇葛拉波猜測，這可能是因為，當母親的關注較少時，寶寶可能必須依賴自己去進行學習和應對壓力，也因此才會發展出比較大的海馬迴（**Rifkin-Graboi et al., 2015**）。

雖然上述兩項研究結果看似支持後天論，但是先天論者仍有不一樣的解讀。有些先天論者會反駁：嬰兒氣質的改變，有可能不是環境所致，而是基因隨著時間所展現出的不同影響力。另一種可能性，則是母親和寶寶之間的行為相關性，其實仍都是由同一組基因所決定。例如在上述第二項研究中，母親對寶寶的關注程度可能是由某一組基因所決定，而寶寶由母親身上所獲得的這個同組基因，可能剛好也決定了寶寶海馬迴對母親行為的反應大小。至於先天論的反駁是否成立，仍有待未來的研究才能釐清。

表觀遺傳會將某些「記憶」傳給下一代

讓局面更加錯綜詭譎的，則是當代表觀遺傳學（epigenetics）的新發現。先天論與後天論原本涇渭分明的立場，在當代的表觀遺傳學面前，竟然也開始出現疆界消融的複雜情境。

八〇年代以前，遺傳學界的主流想法認為，生物性狀的變異主要都是因為DNA序列發生改變。但新證據發現，在不改變DNA序列的情況下，有時候基因的表現也會出現變化。由於這些改變只是發生在DNA的「表面」，不影響DNA序列，所以科學家稱之為「表觀遺傳學」或「外遺傳學」。例如DNA甲基化（在DNA的某些核苷酸上加上甲基）就可以影響生物身上的基因表現，而且這種變化還可以遺傳給下一代！

表觀遺傳最早的發現紀錄，是流行病學家貢納爾・卡提（Gunnar Kaati）和預防醫學專家拉爾斯・奧洛夫・畢格林（Lars Olov Bygren）在調查瑞典奧佛卡利克斯（**Överkalix**）郡的人口健康資料時所發現的。這個郡的神職人員自十六世紀以來，就一直詳實記錄當地居民的出生資料、死亡原因，以及糧食產量與價格等各種訊息。卡提和畢格林根據這些資料，探索環境變化與孩童的健康關係時，找到了一個令他們瞠目結舌的「代間」（**inter-generation**，世代與世代之間）的健康關聯性。他們發現，如果祖父在青春期以前經歷過饑荒，他的孫子死於心血管疾病的機率會比較低。相反的，如果祖父在青春期以前衣食無虞甚至飲食過量，孫子罹患糖尿病的機率則會比常人高出四倍，平均壽命甚至會多出三十二年（**Kaati et al., 2002**）！

在另外一項後續研究中，畢格林和兒童遺傳學家馬庫斯・潘姆布瑞（**Marcus Pembrey**）針對英國一萬四千名九〇年代誕生的孩子及其父母，追蹤健康情形與生活習慣。結果發現，其中有一百六十六位父親在十一歲以前就開始吸菸，而這些「早菸」的父親，他們的兒子在九歲時就已經出現明顯肥胖的情況（**Bygren et al., 2006**）。

同樣的「代間」表觀遺傳現象，也出現在母親和孩子之間。例如二〇一四年的一項研究就發現，如果母親曾在懷孕時吸菸，其嬰兒身上的DNA就會出現多處甲基化的現象，並會因此影響與胎兒發展和成癮有關的諸多基因（**Markunas et al., 2014**）。有些影響甚至還可能延續到第三代，讓第三代子孫的身高、體重和體型都出現變化（**Golding et al., 2014**）。

除了生理健康方面的影響，雙親的身心逆境經驗也會在孩子身上留下表觀遺傳的痕跡。美國西奈山伊坎醫學院（**Icahn School of Medicine at Mount Sinai**）的精神醫學家瑞秋．耶胡達（**Rachel Yehuda**）發現，歷經美國九一一事件而身心受創的孕婦，她們之後產下的嬰兒在九個月大時比一般嬰兒更容易焦慮和怕生。同樣的情境，也出現在那些猶太大屠殺的倖存者及退伍軍人身上，這些倖存者通常會罹患創傷後壓力症候群（**posttraumatic stress disorder, PTSD**），而且其子代的壓力荷爾蒙皮質醇濃度有較高的機率會出現異常，同時也比較容易會出現恐慌症、焦慮症候群，以及創傷後壓力症候群。

表觀遺傳的變化，除了會影響身心健康，甚至還可以把某些「記憶」也傳給下一代！二〇一四年，美國埃默里大學（Emory University）的布萊恩・迪亞斯（Brian Dias）與凱瑞・萊斯勒（Kerry Ressler）讓雄性小鼠吸聞一種果香氣味（苯乙酮）並同時施以電擊，使其學會對此氣味產生恐懼反應。讓人驚訝的是，這些小鼠的子代竟然也會對這種氣味感到懼怕，而且這樣的恐懼記憶還可以遺傳給第三代的孫子！科學家解剖後發現，這些小鼠子代腦中負責偵測此氣味的腦區變大，而且其中的神經細胞也變多。為了進一步確保子代不是透過「觀察父親行為」而學會對該氣味的恐懼反應，迪亞斯與萊斯勒透過另一項實驗，把已學會氣味恐懼反應的雄性小鼠精子取出，送到另一個實驗室中進行人工受精，以杜絕任何親代對子代的行為影響。結果發現，其子代依然會懼怕該氣味。

由此可知，各種由環境對生理、心理與認知所造成的變化，都有機會透過表觀遺傳的方式遺傳給下一代。這個現象看似支持後天論，因為環境會對個體產生影響。但同時這個現象也似乎支持先天論，因為改變會遺傳給下一代。面對這樣的表觀遺傳現象，先天論與後天論之間的楚河漢界是否安在？值得仔細思量。或許，先天與後天並非是水火不容般的相互排他，就像這兩派理論在學界中不斷彼此交流爭議一樣，先天因素與後天因素的影響力，可能也一直在每一個人類個體的成長過程中，長久互動共存。

1 在英國，中等教育普通證書是國際認可的學歷證明，也是許多大學的入學申請參考標準，因此 GCSE 的成績對學生非常重要。

Chapter 7

語言是先天帶來的能力？

——語法與認知能力

社會互動是幼兒語言學習發展的關鍵。
與真人互動的學習成效遠大於影音學習。

新語言不只讓我們學會新詞彙，
更讓我們以不同方式看待世界。

（Learning another language is not only learning different words for the same things, but learning another way to think about things.）

——弗洛拉・劉易斯（Flora Lewis）

有孩子的讀者都知道，幼兒大約在一歲左右，就會逐漸開始說話。對孩子來說，這種學習說話的過程近乎自動，而且毫不費力。究竟孩子如何學會說話？為何孩子學習說話的過程會如此輕鬆快速？幼兒輕鬆快速學習語言的現象，是否表示語言是先天帶來的能力？

認知學派主張語言發展是天生的認知能力

關於孩子如何學會說話，至今學界依然爭論不休。在行為主義盛行的二十世紀上半葉，許多人都認為，語言的習得不過就是獎賞與懲罰的制約學習結果。例如行為主義心理學家史金納在一九五七年出版的重要著作《口語行為》（*Verbal Behavior*）中，就主張兒童的語言學習只不過是一種操作制約，幼兒基本上就是透過這樣的操作制約學會說話。他認為，幼兒一開始只是漫無章法的胡亂發出聲音，當剛好發出聽似正確語詞的聲音時，父母就會給予獎勵；相反的，若發出的聲音無意義，父母則通常不會給予任何獎勵。在這種獎勵的引導和形塑下，幼兒就會逐漸學會正確的發音、各種語詞的正確意思，以及使用正確的語法。

雖然這個說法看似合理，但是認知學派的語言學家艾弗拉姆・諾姆・喬姆斯基（**Avram Noam Chomsky**）卻十分不以為然。喬姆斯基認為，有許多現象其實都不符合行為主義者的主張。

喬姆斯基舉出的第一個反例，就是孩童在學說話時，常常會說出一些他們自己從來沒有聽過，而且也從來不會被獎勵的話，例如「媽媽我討厭你」。由此可知，小孩說話的內容，應該不是透過獎賞和處罰的制約方式而習得，而是另有其他機制。

喬姆斯基的第二個反例，就是孩童學習語言時，通常會經歷誤用文法的「過度規則化」（**overregularization**）時期。以英語來說，小孩有個時期常常會把在單字上學到的時態規則，過度的套用於其他單字，例如可能會說出「**the boy hitted me**」這樣的句子。在這個句子裡，「**hit**」的正確過去式應該還是「**hit**」，但是小孩子卻把單字重複字尾「**t**」再加上「**ed**」變成過去式。中文也是如此。有一次我和四歲小女兒在爭論罐子中是否還有糖果，我對她說「應該還有吧」，但她認為沒有了，於是就說出：「應該還沒吧」。之所以會出現這樣的現象，是因為之前她已經學會「有」的相反就是「沒」，所以就直接把我說的「還有吧」這個句子中的「有」代換成「沒」，於是就出現了意思正確但又不太符合用語習慣的句子。

這些「過度規則化」的用法，說出來並不會獲得獎賞，但仍會頻繁的出現，因此顯示行為主義的主張可能不正確。有鑑於這些反例，喬姆斯基認為，語言的發展並不是透過行為主義式的模仿和制約學習，而是來自於天生的語法與認知能力。

此外，如果讀者觀察一般的親子互動，就會發現父母在和牙牙學語時期的孩子對話時，通常都會優先著重於意思傳達和情緒回應，而不太會刻意糾正孩子說話的發音和語法。例如當幼兒哭喊著「ㄆㄚˋ ㄆㄚˋ、ㄇㄚˋ ㄇㄚˋ、ㄋㄟ ㄋㄟ」時，父母通常會急著先去泡奶粉，而不會糾正孩子正確的發音應該是「ㄅㄚˋ ˙ㄅㄚ」（爸爸）與「ㄇㄚ ˙ㄇㄚ」（媽媽）。當孩子委屈焦急的說出「你不要生氣我」的時候，父母也會先處理當下的爭論問題或安撫孩子的情緒，而不會馬上轉移焦點去告訴孩子正確的說法應該是「你不要對我生氣」。發音和語法的糾正，通常只會出現在孩子較大的時期，因此和行為主義的主張不符。

語言學習的第一步：找出語音中的重要音素和單字

如果語言不是透過制約學習而來，那究竟是透過何種方式？關於這一點，可以把語言的初始學習進程，拆解成兩個步驟來分析。第一步，是如何從一整串語音中找出音素（**phoneme**）和單字。第二步，是如何把單字連上意義。

首先來看看第一步：如何從一整串語音中找出單字？學過第二外語的讀者都知道，第一次接觸外語時，先別說聽不懂字詞的意義，通常就連一句話中有幾個字詞都聽不出來。整串外語聽起來，就好像是一氣呵成的瀑布一樣，很難找出單字之間的斷點。如果連成人在聽到外語時，都無法區隔出其中的單字，那麼寶寶在學習語言時，又如何可能捕捉並學會語句中的單字？

美國華盛頓大學（**University of Washington**）的派翠夏・庫爾（**Patricia Kuhl**）教授發現，嬰兒的大腦在學習語言時，可能會自動捕捉語言資訊中的統計規律，並利用這些統計規律來找出語言中的重要音素和單字。所謂的「音素」，就是人類可以發出和聽到的基本語音元素（例如「ㄅ」、「ㄆ」、「ㄇ」之類的子音，以及「ㄚ」、「ㄧ」、「ㄨ」之類的母音等）。嬰兒剛出生時，其實可以分辨將近八百種全世界現存的音素，但是到了大約六個月至九個月大時，嬰兒對音素的區辨能力就會分別開始「專化」。也就是說，嬰兒會對母語中常出現的音素變得更敏銳，但是對從來不曾聽過的音素就會失去敏銳度。而這其中的關鍵要素，就在於這些音素的出現次數：當某個音素出現的次數愈頻繁，大腦就愈有機會學習和分析該音素，而之後對於該音素的區辨能力也就會愈強。

以日語來說，「ら」這個音其實是介於英文的「R」和「L」之間，如果從小只接觸日語，沒有接觸過英語中的「R」和「L」時，長大後就會對「R」和「L」失去聽覺上的敏銳度。由此可知，嬰兒的大腦似乎會根據母語中各種「音素」出現的頻率，來決定哪些音素比較重要，並藉此決定該投入多少大腦資源加以學習。

台灣大學心理系的曹峰銘老師和師範大學特教系的劉惠美老師，在二〇〇三年與庫爾教授合著的一篇論文中發現，社會互動對幼兒的音素學習成效至關重要（**Kuhl et al., 2003**）。他們讓九個月大的幼兒接觸外語，其中一組的接觸方式，是透過與真人互動遊玩，另一組則是透過 **DVD** 的影音方式。結果發現，只有透過與真人互動的方式，才會有效的增強幼兒對外語的音素區辨。由此可知，社會互動其實是幼兒音素學習和語言發展的關鍵要素。

語言學習的第二步：學會斷句與語音分割

找出語言中的重要音素後，下一步就是要知道如何斷句或語音分割（**speech segmentation**），也就是要知道哪些音素比較有可能組合成單字。研究發現，嬰兒應該也是透過類似上述的「統計規律」，在一串語句中辨識出有哪些音素比較可能組合成單字，並藉此區隔出不同的單字，以及單字之間的分隔點。更確切的說，嬰兒可能是根據每個音素之間的「相連機率」或「轉換機率」（**transitional probability**），來判斷究竟哪些音素比較有機會組成單字。

以「**prettybaby**」這一串語音為例，就有好幾種分割方式，學過英文的讀者，會自然的把它斷成「**pretty baby**」。雖然理論上來說，這串語音還有其他的分割方式，例如「**pre ttybaby**」或「**prettyba by**」，但是嬰兒似乎就是有辦法，自然學會正確的分割方式。原因就在，「**pre**」和「**tty**」這兩個音節很容易在各種說話內容中被連續聽到，例如在「**pretty girl**」或「**pretty cute**」這兩串語音中，都會聽到「**pre**」和「**tty**」這兩個音節相連；但是相較之下，「**pre**」和「**tty**」和「**ba**」這三個音節被連續聽到的機率就小很多。久而久之，大腦就會把「**pre**」和「**tty**」這兩個連續語音組合成一個字詞「**pretty**」，而不會把「**pre**」、「**tty**」和「**ba**」三個連續語音組合成「**prettyba**」這樣的字詞。

以上這個說法，確實也獲得了實驗證據的支持。現任教於威斯康辛大學麥迪遜分校（**University of Wisconsin-Madison**）的語言心理學家珍妮・莎佛朗（**Jenny Saffran**），曾在一九九六年的一項實驗中設計了四個假英文單字，而且這四個假英文單字都是「三音節」的短字串，分別是：「**pabiku**」、「**tibudo**」、 「**golatu**」，以及「**daropi**」。她把這四個單字彼此隨機頭尾相連，然後連續重複播放給八個月大的寶寶聽，例如先播放「**pabiku**」，然後是「**tibudo**」，接著是「**golatu**」，再接著是「**pabiku**」，再接著「**daropi**」……，一直重複到兩分鐘後結束。整串語音聽起來就像這樣：

pabikutibudogolatupabikudaropipabikutibudogolatupabikudaropi……

在這裡要注意的是，在連續重複播放單字時，任兩個單字之間並沒有任何時間空檔或換氣聲，也就是說，整串兩分鐘的語音聽起來毫無中斷。莎佛朗想知道，在這樣的情境中，寶寶是否有辦法聽出其中藏著四個假單字。

如果我們計算每個音節之間的「轉換機率」，可以發現在四個假單字的三音節短字串「之中」，音節和音節之間的轉換機率是一，例如以「**pabiku**」這個三音節短字串來說，「**pa**」的後面一定是「**bi**」，而「**bi**」的後面一定是「**ku**」。

但是在假單字「之間」的轉換機率，則只有〇．三三，例如「**pabiku**」這個單字的最後一個音節是「**ku**」，而「**ku**」的後面有可能會接到其他三個假單字的任何一個開頭音節：有可能是「**ti**」、「**go**」，或是「**da**」。所以「**ku**」接到「**ti**」或「**go**」或「**da**」的機率，只有三分之一，也就是〇．三三。

莎佛朗認為，如果嬰兒可以捕捉到音節之間的轉換機率，最後應該就可以透過轉換機率的高低，來辨識出四個假單字。為了測試這個假說，她在嬰兒的兩分鐘聆聽過程結束後，接著播放兩個單字讓嬰兒自由選擇。其中一個單字，是四個假單字的其中一個單字；而另一個單字，則是由語音之間轉換機率比較低的音節所組成的單字，例如「**kudaro**」。

這兩個單字分別是由左邊和右邊的喇叭播放，左右兩個喇叭上各有一個發亮的光點。只要嬰兒一直盯著其中的一個光點看，該側的喇叭就會連續反覆播放其中一個單字，當嬰兒不想聽了並移開視線時，聲音就會停止。透過這個方法，科學家就可以讓嬰兒自己決定要聆聽哪一個單字，以及要聆聽多久。由於過去的研究發現，嬰兒比較喜歡聆聽他們不熟悉的事物，所以如果最後發現嬰兒在聆聽這兩個單字的時間長短不同，那麼就能推論出，嬰兒應該可以區辨出這兩個單字的差異。

最後結果揭曉，嬰兒花了比較長的時間在聆聽轉換機率較低的單字。這個實驗結果顯示，嬰兒可以區辨「轉換機率高」和「轉換機率低」的單字，而且比較喜歡聽「轉換機率低」的單字。這個現象，可能就是因為他們已經抓到其中的統計規律：嬰兒可能發現這些「轉換機率低」的單字比較沒有熟悉感，導致他們願意花比較長的時間去聽這些比較新奇的單字。由此可知，時常相連出現的音節，可能就是嬰兒的大腦用來判斷能否組合成字詞的關鍵（Saffran et al., 1996）。

孩童可以推論語詞中的對象和意義

在找出語音中的重要音素，並且透過語音分割完成單字辨識後，下一步就是要把單字連上意義。在寶寶學習語言的過程中，究竟是如何把某個單字的發音和其意義連上關係呢？哲學家威拉德・范奧曼・奎因（**Willard Van Orman Quine**）曾經用以下的例子，試圖凸顯其中的難處。他在一九六〇年的著作《語詞和對象》中問到，假設有一天你突然來到一個完全陌生的異地，這時有一位外族人指著一隻兔子，然後用你聽不懂的語言喊道：「**gavagai!**」如果以上就是所有可得的資訊，那麼請問你該如何知道「**gavagai**」代表何意？雖然很多人可能會直覺的認為「**gavagai**」就是「兔子」，但是你如何能確定外族人不是意指「動物」、「長耳」、「兔子的毛」，或是「會跳的東西」？

奎因認為在這樣的情境下，由於確切資訊有限（語詞的指涉對象有太多種可能性），所以我們永遠無法得知「**gavagai**」究竟是什麼意思。而這樣的情境，其實就和嬰兒初次接觸語言的時候一樣。當嬰兒第一次聽到大人指著某個物體說出某個詞彙時，其實並沒有足夠的資訊和證據，可以確定該詞彙的指涉對象究竟為何。更糟糕的是，和上述的兔子情境相比之下，嬰兒所面對的情境更加嚴峻，因為你在上述的兔子情境中，還擁有自己的一套母語、概念和成熟的邏輯推理能力，但嬰兒則是一無所有。

然而，即使面臨這種語詞指涉極度不確定的情境，嬰兒最終還是學會了各種語詞的確切意義。這背後的學習原理和機制，究竟是怎麼一回事？當代的語言學家和心理學家認為，這可能是因為人類的某些認知能力提供了一些「協助」，才讓嬰兒可以合理的「猜測」或「推論」出語詞所指涉的對象和意義。

首先，是來自認知系統的協助。研究顯示，幼兒在學習物體的名稱時，會偏好使用物體的形狀作為最主要的定義特徵。比方說，當十八個月大的幼兒學會某個物體的名稱後，如果接著給他兩個新的物體，並問他哪一個新物體和剛剛學過的物體名稱相同，幼兒通常會選擇形狀最接近的物體，而不會根據物體的顏色、大小或質地等特徵來做選擇。這個現象，或許是因為形狀通常有較高的穩定性，因此才容易成為定義物體名稱和概念的主要特徵。相較之下，顏色、大小和質地都較不穩定（顏色會容易因為光源而改變、大小容易因為觀視距離而改變，而質地則因為需要觸覺，所以較不容易取得），因此較不適合作為定義物體概念的主要特徵。

研究也發現，當三歲孩童的眼前出現新物體，並且被告知某個新的單字時，孩童會偏好使用「整個物體」來和單字做連結，即使該物體擁有明顯的局部部件，孩童也不太會認為該單字指涉到這些局部部件（Macnamara, 1982; Markman, 1989; Markman & Wachtel, 1988）。比方說，如果你給三歲孩童一顆大球，而這個大球內有一些可以被獨立拿出來的小球，那麼當你指著這個物體說出「TUTA」時，孩子會傾向認為這個單字代表的意思是大球加小球，而不是單指大球或單指小球。這個現象，或許是因為在自然環境中，我們眼前的事物大多是以「整個物體」為單位在進行彼此互動，唯有在刻意把注意力聚焦縮小到單一物體上時，才有需要提及物體的局部部件名稱，而由於前者情境（物體之間的互動）在日常生活中出現的機率比後者（物體內的互動）高，因此使用整個物體來連結新單字或新概念的偏好，通常會有較高的成功率。

除了單一物體和單一名詞之間的配對，還有更難的一關，就是當眼前有很多物體時，該如何釐清對方所說的名詞究竟指涉哪個物體？所幸，孩童的認知系統從很小的時候就已經具備了一些推理能力，可以協助解決這個問題。還記得第一章曾經提過的孩子邏輯推論能力嗎？科學家讓十二個月大的嬰兒看見眼前的兩個玩具（例如球和車）被屏風遮蔽，接著看見其中一個玩具（例如球）被拿走後，當屏風被移除時，如果出現的不是車（意料之中）而是球（意料之外），嬰兒就會感到訝異。這個實驗告訴我們，即使十二個月大的嬰兒尚未發展出語言能力，他們仍可使用排除法推論出：兩個物體其中一個被拿走後，剩下的一定是另外一個。這項能力，似乎也在孩子稍微長大後，被運用在語言和概念的學習。比方說，兩歲大的孩子就已經明白，不同物體通常會有不同的名稱（Clark, 1988; Mark-man, 1989; Markman & Hutchinson, 1984; Markman & Wachtel, 1988; Merriman & Bowman, 1989）。如果眼前有兩個物體（例如棒球和蜥蜴），而自己已經知道其中一個物體的名稱是棒球，那麼當有人看著這兩個物體並說出一個自己沒聽過的名詞時，該名詞指的應該就是另一個不是棒球的物體。

在運用排除法來進行推論之餘，孩童也會留意大人的視線，來協助判斷大人的指涉對象（**Baldwin, 1991; 1993**）。有時甚至可以透過大人的表情，來判斷自己對事物的認知是否和大人的想法一致。例如兩歲的孩童在聽到大人指示「拿起××」時，如果自己拿起某物體後看到大人露出皺眉的表情，他們就會明白自己拿錯物體並進行更換（**Tomasello and Barton, 1994**）。

經由上述這幾種來自認知系統的協助，孩子就可以透過限縮語音的指涉對象來解決奎因的難題，最後成功把物體和單字連上關係，學會用語言來表達各種物體，甚至是抽象的概念。總而言之，雖然目前仍不完全清楚語言的細部認知過程和確切的大腦運作機制，但是愈來愈多的研究結果已經逐漸開始匯集，語言能力祕密的真相大白之日，指日可待。

Chapter 8

為何學習語言愈早愈好？

——關鍵期神經可塑性對學習力的影響

學習語言必須把握最佳時機，
愈早學習成效愈好。

生命的關鍵是時機。（Life is about timing.）

——卡爾．路易士（Carl Lewis，田徑名將）

一七九七年，法國南部庇里牛斯山附近的森林中，人們發現了一位年約十歲的野生男童。這位森林男童用四隻腳行動、撿拾樹果為食，而且似乎又聾又啞。消息傳出後，立刻引起法國知識圈與科學界的高度關注，因為這位男孩的狀態非常接近尚—雅克．盧梭（**Jean-Jacques Rousseau**）所主張的「高貴野蠻人」（**noble savage**）。盧梭認為，人類天性良善、沒有私欲和惡行，而社會文明則讓人腐敗墮落。由於這位男孩剛好就是在不受社會文明汙染的野生環境中長大，如果能讓他學會說話與表達，人們就能藉此明白這位「高貴野蠻人」與眾不同的內心狀態與經歷。

很快的，這位男孩就被送往當年最知名的精神醫學家菲利普．皮內爾（**Philippe Pinel**）處接受檢查。皮內爾被世人敬稱為現代精神醫學之父，他曾經扭轉「精神病就是鬼神附身」的錯誤認知，也致力推動以人道方式關懷精神病人。然而，皮內爾對男孩的檢視結果卻讓眾人大失所望，因為他認為這位野生男孩的智能不足，甚至心智能力可能比巴黎的家庭寵物還低。

學習語言必須把握最佳時機

就在大家一哄而散，準備把男孩送往精神病院安養時，另一位法國醫師尚．馬克．加斯帕爾．伊塔爾[1]（**Jean Marc Gaspard Itard**）接手了這個案例。他認為，這位野生男孩並非智能不足，只是在成長過程中欠缺學習機會。有鑑於此，伊塔爾決定透過教育來重新彌補和強化這位男孩的語言與同理心兩項能力，而這兩項能力，也是他認為人異於禽獸的關鍵。

於是，伊塔爾幫這位野生男孩取名為維克多（**Victor**，意思是擊敗對手的勝利者），並且耐心教導他如何使用語言，以及如何理解人類的同理行為。經過多年訓練，維克多的語言和同理能力確實有進步。他可以說出「**lait**」（牛奶）和「**oh Dieu**」（天啊）這樣的簡單詞彙，也可以理解某些動作的意義。伊塔爾甚至曾經記錄維克多的同理行為：有一次維克多看到女管家因為先生過世在流淚，於是便主動收起餐桌上多出來的那一份餐盤和餐具放進櫃子，從此不再取出。

然而，維克多的語言和同理能力並沒有持續進步，最終仍然遠遠低於一般人的標準。雖然維克多可以說出一兩個單字、能識得一些關於物體和動作的簡單文字，也能使用字卡來表達簡單的情緒和欲望，但卻一直沒有學會正常的人類說話方式。看來，維克多已經錯失學習語言的最佳時機。

一九七〇年，類似案件也浮上檯面。美國加州洛杉磯的兒童福利單位發現一位名叫吉妮（**Genie**）的十三歲女童。吉妮出生後不久，就遭到父母的忽視、虐待和孤立。她大部分的時間都被限制在家中的一個小房間，父母不但不和她說話，甚至還會在她說話時處罰她。吉妮被救出後，立刻接受了各方面的復健，包括語言、認知、身體運動機能，以及社交能力等。結果，雖然吉妮的各方面能力都有明顯進步，但是語言能力的進步幅度卻遠低於其他能力。

舉例來說，吉妮習得了很多關於常見物體和物品的單字，也學會了使用組合字來進行表達（把兩個字組合起來使用），但卻一直無法使用完全正確的語法來說話，像是疑問句、否定句，以及子句等用法，她都很容易犯錯或誤解。由此可知，和其他認知能力相比，語言的學習機制似乎特別不同，一旦錯過關鍵年齡，語言學習就會面臨困難。

支持學習關鍵期存在的重要證據

根據這些案例，許多學者便提出所謂的關鍵期理論，並且透過各種實驗找出支持的證據。例如在一九八九年的一項研究中，研究人員檢視了四十六位來自亞洲的美國移民後發現，移民美國的年齡愈小，英文的語言能力也愈好（**Johnson**

and Newport, 1989）。手語的學習也是如此，如果學習手語的起始年齡愈小，手語能力也愈好（**Newport, 1990**），而且這種因為學習起始年齡所造成的語言能力差異，即使在學習語言數十年後也仍然無法消除（**Emmorey et al., 1995; Mayberry, 2010**）。雖然有些人很晚才學習外語，最後也可以展現出宛如母語般的流利語言能力（**White and Genesee, 1996; Dong, 2003; Wang, 2003; Shu, 2003; Lu, 2004; Liu, 2005; Xin & Zhou 2006; Zhao & Zou, 2008**），但這些通常只是特例，平均來說，愈晚學習外語，該語言的能力就會愈差。

除了學習語言的關鍵期，類似的關鍵期也出現在動物的視覺與聽覺能力。例如貓頭鷹寶寶在學習聽音辨位時，需要視覺與聽覺同時配合。如果在貓頭鷹寶寶年齡未滿六十天前，用耳塞堵住牠的耳朵，或是讓牠戴上稜鏡，那麼牠的聽音辨位能力就會出現錯誤，不過這樣的錯誤很快就能透過學習而自行校正。當校正完成後，如果移除耳塞或稜鏡（仍是在年齡未滿六十天前），仍會再度觀察到聽音辨位錯誤，然後很快又會重新校正。然而，如果在貓頭鷹寶寶年齡滿兩百天後才移除耳塞或稜鏡，牠們就會失去校正能力。這些現象，都是支持關鍵期確實存在的重要證據。

還有許多鳴鳥，也有鳴唱學習的關鍵期。例如白冠帶鵐（**white-collared sparrow**）學會特定鳴叫方式的關鍵期，是孵化後的第八天到第五十六天；而斑胸草雀（**zebra finch**）的鳴叫學習關鍵期，則是孵化後的第二十五天到第九十天（**Brainard and Doupe, 2002**）。

神經細胞用進廢退，造成不可逆結果

究竟是什麼原因，導致關鍵期的學習力大增？科學家認為，這可能和神經可塑性（**neural plasticity**）的變化有關。最早觀察到神經可塑性的學者，應該是義大利的解剖學家米歇爾・文森佐・馬拉卡尼（**Michele Vincenzo Malacarne**）。在一七九三年的一項實驗中，馬拉卡尼找來同一胎的兩隻小狗，並對其中一隻進行大量的行為訓練，另一隻則當作對照。結果發現，受過訓練後的狗小腦葉

（folia）比對照組要大出許多（Malacarne, 1793）。可惜這項研究並沒有引起太多人注意，接下來有將近兩百年的時間，多數人還是錯誤的以為，腦一旦發育成熟就不會再有變化。

到了一九六〇年代，風向終於出現改變。美國加州大學柏克萊分校（University of California, Berkeley）的心理學家馬克．理查德．羅森茲維格（Mark Richard Rosenzweig）設計了兩個鼠籠，其中一個是只能容納一隻老鼠，而且只有食物和水的「單調鼠籠」；另外一個則是一次同時居住一群老鼠，而且布置了各種玩具、階梯、通道、滾輪和裝飾物的「豪宅鼠籠」。羅森茲維格想知道，豪宅鼠籠的豐富環境會不會刺激老鼠的大腦產生變化。飼養結束後的解剖結果發現，和住在單調鼠籠的老鼠相比，住在豪宅鼠籠的老鼠腦中神經傳遞物質的活性出現明顯變化，而且大腦皮質特定區域的厚度增加七%至一〇%，神經細胞的突觸也增加了二〇%（Krech et al., 1960; Rosenzweig et al., 1962）。這些結果顯示出大腦的神經可塑性：成年老鼠的大腦仍會因為環境刺激而出現變化。

同樣是在一九六〇年代，哈佛大學的大衛・休伯爾（David Hunter Hubel）和托斯坦・尼爾・威澤爾（Torsten Nils Wiesel）也進行了一系列先驅研究，發現動物的大腦會因為經驗而出現巨大改變。他們透過手術縫合貓的眼瞼，讓視覺刺激無法進入其中一隻眼睛（視覺剝奪）。一週後再拆開貓眼的手術縫線時，發現視覺皮質中的神經細胞變成只會對正常那隻眼睛的刺激有反應，而不再對被視覺剝奪的那隻眼睛的刺激有反應（Hubel and Wiesel, 1963）。

更重要的是，休伯爾和威澤爾發現，視覺經驗影響視覺神經細胞發育的現象有關鍵期，就是出生前三個月。如果是在小貓出生前三個月對眼睛進行視覺剝奪，就可以明顯觀察到視神經細胞對這隻眼睛的刺激失去反應。但若是對成貓的一隻眼睛進行視覺剝奪，效果就比較微弱。

由於這一系列出色的研究，休伯爾和威澤爾在一九八一年獲頒諾貝爾生醫獎。他們的實驗結果告訴我們，如果沒有在剛出生的特定關鍵期接受到正常的視覺刺激，視覺發育就會出現異常。當一隻眼睛被剝奪視覺刺激後，視覺皮質中原本對該眼刺激有反應的細胞會失去反應，並轉成對另一隻眼睛的刺激有反應。換句話說，當刺激供應來源消失後，這些細胞就會轉而尋找新的刺激供應來源。基本上，神經細胞的運作原則就是用進廢退（**use it or lose it**），這個現象就是所謂的神經可塑性。此外，由於過了關鍵期後的結果永不可逆，因此這項發現也對孩童的白內障和斜視治療策略產生很大的影響。對於孩童的先天白內障和斜視，醫生都會建議儘早矯正，以免錯過關鍵期，而導致視覺出現不可逆的異常狀態。

神經可塑性隨年齡出現不同變化

除了齧齒類與貓科動物，科學家也在靈長類動物的身上，發現了神經可塑性的證據。一九九〇年，加州大學舊金山分校（**University of California, San Francisco**）的神經科學家邁克爾．馬蒂亞斯．默澤尼奇（**Michael Matthias Merzenich**）和同事訓練梟猴使用特定的手指感受觸覺，訓練成功後發現，這幾根手指在腦中感覺皮質的對應區域會變大（**Jenkins et al., 1990**）。

在人類腦中，一樣也有神經可塑性的明確證據。其中最知名的，應該就是關於英國倫敦計程車司機的海馬迴研究。在倫敦，想要成為計程車司機可不是一件簡單的事。若想考取計程車駕照，必須先通過「知識測驗」。在知識測驗中，受測者得背下三百二十條主要道路的名稱和位置，同時還要熟記兩萬五千條街道和兩萬個地標。平均來說，只有五分之一的受測者能通過測驗。二〇〇〇年，倫敦大學學院（**University College London**）的埃莉諾．安妮．馬奎爾（**Eleanor Anne Maquire**）利用磁振造影檢視倫敦計程車司機的海馬迴大小後發現，和公車司機相比，倫敦計程車司機的後側海馬迴大小與其開車資歷成正比：開車資歷愈久，後側海馬迴愈大。

另外還有一些特殊醫學案例，也顯示出人腦具有強大的神經可塑性。舉例來說，過去在治療癲癇時，醫師有時候會採用大腦半球切除術（**Hemispherectomy**），也就是把癲癇發作源頭的整個大腦半球都切除。結果發現，雖然有些病人在術後一開始會半身癱瘓，但是很快就會恢復幾乎正常的狀態。其中最知名的公開案例，應該是一位名叫卡麥蓉．莫特（Cammeron Mott）的小女孩。莫特在六歲時，因為治療癲癇而切除了絕大部分的右側半腦。原本預期她在手術後身體左半邊會長期癱瘓，沒想到竟然在術後一個月就康復出院。其中緣由，可能是因為神經可塑性讓左腦接手了右腦原本的功能。另一個知名案例，則是因為先天性腦炎而在八歲時切除半個大腦的克莉絲汀．珊浩絲（Christina Sathouse）。她在手術後也快速康復、順利成長，後來更取得學士和碩士學位，成為語言治療師。

值得注意的是，大腦手術後的神經可塑性，似乎也受到關鍵期的影響。統計結果顯示，成年人在接受大腦半球切除術後的恢復程度、速度和比例，都比孩童要低（Lee et al., 2019）。上述例子告訴我們，神經可塑性可能會隨年齡出現不同變化，當刺激與變化出現在高齡或關鍵期以外的時間，生物體可能就不會有足夠的神經可塑性去進行應變。

神經的連結修剪與細胞新生

關鍵期的大腦究竟發生了什麼事，才使得神經可塑性變高呢？目前科學家猜測，關鍵期有兩大機制，能夠提升大腦的可塑性，以幫助個體學習。第一個機制是神經連結修剪，第二個機制是神經細胞新生。

首先來看神經連結修剪（**pruning**）。嬰兒剛出生時，腦細胞之間存在過多的連結，必須經過適當的修剪，神經系統才能更有效率運作。這種剷除過多連結的過程，主要就是發生在關鍵期。在關鍵期，神經傳遞物質「伽傌丁胺酪酸」（**gama-aminobutyric acid, GABA**）會負責剷除雜亂的神經活動，並帶來秩序。打個比方來說，初生嬰兒腦細胞之間連結過多的狀態，就像一個國家在各個城市鄉鎮之間蓋了太多冗餘的道路，而「伽傌丁胺酪酸」這個角色的任務，就是負責剷除那些鮮少有人使用的道路（神經連結），以及根本沒有人居住的城市（神經細胞），最後只留下最多人使用的關鍵道路和樞紐城市。如此一來，神經細胞之間的通訊就會變得更有效率，學習也會更順利。

第二種可能影響關鍵期神經可塑性的機制，就是神經細胞新生。一九六二年，美國麻省理工學院的神經科學家約瑟夫．亞特曼（Joseph Altman）石破天驚的發現，老鼠在學習迷宮後，腦中的海馬迴四周及相關腦區（嗅球和齒狀迴），竟然出現新生的神經細胞（Altman, 1962; Altman and Das, 1965）。這項發現，打破了過去眾人以為哺乳類動物的神經細胞終生不會再生的錯誤迷思。一九八八年，洛克菲勒大學（Rockefeller University）的費爾南多．諾特博姆（Fernando Nottebohm）也發現，金絲雀在每一季準備學習新的鳴叫曲目時，都會有新的神經細胞生成（Alvarez-Buylla et al., 1988）。一九九八年，美國沙克生物研究所（Salk Institute for Biological Studies）的神經生物遺傳學家弗雷德．蓋奇（Fred Gage），更在成人的腦中發現新生的神經細胞（Eriksson et al., 1998）。儘管近期的研究顯示，成人腦中的新生神經細胞數量可能非常少，但至少人類的胚胎和新生兒（一歲以前）的腦神經細胞新生數量，仍然為數眾多（Sorrells et al., 2018）。

簡而言之，人類的學習和記憶能力，主要就是透過上述這兩種機制（神經連接修剪與神經細胞新生）來完成，而關鍵期的特殊學習力，可能就是因為這兩種機制特別強化所導致的結果。

重啟關鍵期，讓大腦有機會重新學習

在了解關鍵期的生理機制後，科學家就有機會可以對其進行操控。其中一種方式，就是透過基因改造的方式，來改變小鼠腦中的「伽傌丁胺酪酸」濃度，並藉此調控關鍵期的出現時間。哈佛醫學院（Harvard Medical School）的貴雄．漢錫（Takao Hensch）發現，如果透過基改方式來降低小鼠腦中的「伽傌丁胺酪酸」濃度，就會導致關鍵期消失，但如果此時加入可以增強「伽傌丁胺酪酸」傳遞的藥物，則又可啟動關鍵期。在另一項實驗中，科學家在老鼠身上植入一種特殊的胚胎細胞，該細胞會在老鼠發展的較晚期才分泌「伽傌丁胺酪酸」。結果發現，當這些細胞分泌「伽傌丁胺酪酸」時，老鼠出現了另一個關鍵期。

還有一種重啟關鍵期的做法，就是移除腦中會導致關鍵期結束的化學分子。目前科學家已經知道，當關鍵期自然結束時，負責分泌「伽馬丁胺酪酸」的小清蛋白神經細胞會被一種化學物質「硫酸軟骨素蛋白多醣」（chondroitin sulfate proteoglycan）封印。明白此理後，對策就變得很簡單：只要能夠解開這種化學物質的封印，關鍵期就可以被重新啟動。在最近的一項實驗中，科學家便找來患有弱視的高齡老鼠，在其腦中注入一種名為「軟骨素酶」（chondroitinase）的酵素來分解「硫酸軟骨素蛋白多醣」。結果一如預期，當封印解開後，關鍵期也被重新開啟，此時只要讓大鼠暴露在牠們幼時欠缺的必要視覺刺激下，其視力就會出現好轉。

透過操縱「關鍵期」，科學家甚至還可以強化人類受試者的學習能力。比方說，科學家已經知道腦中還有另一個負責封印關鍵期的酵素「組織蛋白去乙醯酶」。這種酵素會讓DNA捲曲，導致關鍵期無法順利運作。為了重啟關鍵期，漢錫的研究團隊就透過抑制劑解開這種酵素的封印，並觀察當關鍵期重啟後，受試者有沒有可能因此學會絕對音感。結果發現，健康男性服用此抑制劑後，雖然沒有學會絕對音感[2]，但是他們在辨識音頻方面的學習表現，明顯要比對照組優秀。

這些實驗結果顯示，科學家目前已經可以透過生物化學與分子生物學的方式，去控制關鍵期的起始、結束和持續時間，並讓大腦得以重新學習，甚至藉此治療各種神經疾病。

重啟關鍵期利弊得失，該如何選擇？

如果關鍵期的學習力這麼強，為什麼生物還要演化出「關閉關鍵期」這種畫地自限的機制呢？

科學家猜測，透過「關閉關鍵期」來限制大腦可塑性，有可能是一種用來保護腦細胞的機制。由於負責分泌「伽傌丁胺酪酸」的小清蛋白神經細胞擁有很高的新陳代謝速率，並且會在運作的過程中產生許多自由基分子，而當自由基過多時，腦組織就會遭到破壞。或許正是因為如此，大腦才會演化出「關閉關鍵期」的防禦性機制，讓大腦可以在關鍵時刻完成學習後，趕緊關閉關鍵期，回到一般的平靜狀態。

也許在不久的將來，我們就能看到不少可以重啟關鍵期的藥物和醫療方法，這些方式可以幫助人類學習，甚至還可以治癒許多神經發展疾病。但是大家要留意的是，一旦關鍵期被重新啟動，人類的個性、記憶、人格特質，以及自我認知可能都會跟著出現變動，而且大腦也有可能因為自由基過多，而產生其他新的病變。有得必有失，為了重新獲得大腦可塑性和強大的學習力，你是否願意賭上一把呢？

---

1 伊塔爾是妥瑞氏症（Tourette Syndrome）的發現者，也是推動啟智特殊教育的先驅人物，對後來的教育家瑪麗亞．泰科拉．阿爾緹米希亞．蒙特梭利（Maria Tecla Artemisia Montessori）影響很大。

2 「絕對音感」指的是人類天生對音準的正確判讀，通常需要從小就接受音樂訓練才會出現，因此可能和關鍵期有關。

Chapter 9

視覺發育有學習關鍵期？

——視覺與跨感官認知能力

「光明」計畫不僅幫助印度的天生盲童重見光明，也證實了人類的視覺與觸覺無法在欠缺經驗時相互轉換。

缺乏行動的遠見是空想，
缺乏遠見的行動是夢魘。
（**Vision without action is a daydream.**
Action without vision is a nightmare.）

——日本諺語

一六八八年七月七日，愛爾蘭的自然哲學家威廉・莫里內（**William Molyneux**）提筆寫下一封信，信中描述了一個令他困擾許久的問題。莫里內想知道，一個能靠觸覺分辨圓球和方塊的天生盲人，如果有一天突然獲得視力，那麼當他眼前出現圓球和方塊時，能不能一眼分辨出兩者孰方孰圓？

莫里內把這封信寄給自己的哲學家好友約翰・洛克（**John Locke**），希望能聽聽他的想法。但是當時洛克由於政治因素正在荷蘭「出國深造」（跑路避難），因此無法即時回應，直到洛克回到英國後才得以和莫里內來回通信，並且在一六九〇年出版的《人類理解論》（*An Essay Concerning Human Understanding*）書中提出正式回應。

洛克是一位經驗主義者，主張人類的知識、理解與思想都必須來自感覺與經驗的累積，因此對於莫里內的問題，洛克自然是寫下了偌大的「否」字。洛克認為，天生的盲人從來不曾擁有過清楚的視覺經驗，因此在獲得視覺後初次見到物體時，當然不可能有正確的視覺認知與理解。

當年洛克在《人類理解論》中對於莫里內問題的回答，就像是今日臉書等社群媒體上的意見領袖發言，立刻引發許多漣漪與迴響。與洛克同屬經驗主義陣營的哲學家喬治・柏克萊（**George Berkeley**），也在他的《視覺新論》（*A New Theory of Vision*）書中提出否定的答案。柏克萊認為，視覺與觸覺所感知到的物體特質截然不同，因此這兩種感覺模組之間不可能出現轉換。相較之下，隸屬敵對陣營的理性主義哲學家哥特佛萊德．威廉．萊布尼茲（**Gottfried Wilhelm Leibniz**），則在《人類理解新論》書中大唱反調。萊布尼茲認為視覺和觸覺在概念上具有類似的結構，所以盲人在重獲視覺後，應該可以看得懂先前用觸覺學習過的形狀。

很可惜的是，莫里內的問題由於難以透過實驗做檢證，因此過去三百年來，一直是以「思想實驗」的方式，在哲學圈中為人所熱議。在這個文無第一、武無第二的世界中，兩派人馬的論戰也從不曾有過句點或任何妥協。

有趣的是，在二十世紀末期，事情竟然出現轉機。新的視覺科學研究典範，讓這個長達三個世紀之久的爭論，終於露出了希望的曙光。

上一章的關鍵期主題中曾經提到，一九六〇年代的休伯爾和威澤爾發現，如果在小貓出生前三個月，對牠的其中一隻眼睛進行視覺剝奪，那麼視神經細胞就會對該眼所見的事物失去反應。由此可知，如果沒有在剛出生的特定關鍵期接受到正常的視覺刺激，視覺發育就會出現異常，而且一旦過了關鍵期，此結果將永不可逆。根據這項發現，讀者可能會認為莫里內問題的答案是否定的，因為即使天生盲人突然獲得視覺，他的視覺神經系統也可能無法正常運作，而導致難以辨識物體的形狀。

然而，休伯爾和威澤爾畢的研究畢竟是來自貓咪，人類的視覺系統是否亦會如此，無人敢下定論。有鑑於此，在二〇〇〇年左右，一組來自法國巴黎第五大學（Université Paris V）的發展心理學團隊，決定讓人類的嬰兒來回答莫里內的問題。

人類天生可以連結視覺與觸覺經驗

這組研究團隊，是由法國的發展心理學家阿萊特．史翠麗（Arlette Streri）所領導。史翠麗的實驗室特色，就是使用嬰兒進行認知研究。值得注意的是，她們研究的不是一般的嬰兒，而是剛出生僅僅數十個小時的「極新」嬰兒。至於為什麼要使用這麼小的嬰兒，讀者應該也已經猜到原因：因為嬰兒的學習能力又強又快，只要一接觸這個世界，嬰兒的學習就已經開始。所以如果要回答涉及先天或後天的爭議問題，自然是使用愈小的嬰兒愈好。

為了回答莫里內的問題，史翠麗找來了二十四位出生不到五天的小嬰兒，她想知道，小嬰兒在僅透過觸覺感受過某物體的形狀後，能不能改用視覺辨識出同一個形狀的物體。她在實驗中，讓小嬰兒用右手抓握物體（並確保小嬰兒看不到該物體），其中有些小嬰兒抓握的是一個三角形的物體，另一些小嬰兒則是抓握一個圓柱形的物體。在抓握物體後，小嬰兒的眼前會出現兩個物體（一個三角形物體和一個圓柱形物體；其中一個是剛剛抓握過的物體，另一個是不曾抓握過的物體）。結果發現，小嬰兒對於不曾抓握過的物體，會有較久的凝視時間（**Streri and Gentaz, 2003**）。

這項發現，看似給了莫里內問題的正方經驗論者一記重擊，因為實驗結果發現，小嬰兒在出生後短短五天內，好像就能將眼前的視覺形狀和抓握時的觸覺形狀連結在一起。而且嬰兒的這項能力，似乎不是透過學習而來，因為在嬰兒剛出生的這五天內，幾乎不可能摸過和看過實驗中所使用的三角形和圓柱形物體。

然而，這項結果仍然有人不服。比方說，經驗論者可以提出質疑：雖然嬰兒在出生後的五天內可能沒有看過三角形與圓柱形物體，但是他們可能已經透過其他方式學到了觸覺與視覺之間的局部緊密關聯性。例如嬰兒在剛出生時，就會不斷的揮手踢腳，他們不但可以看到自己的手部形狀（張掌或握拳），也可以透過觸覺去感受自己的手指、拳頭和指甲的形狀和感觸。這些基本的視覺與觸覺感受，可能就足以讓小嬰兒學習到尖銳與圓滑物體之間的視覺與觸覺差異，並因此導致上述的實驗結果。若真是如此，那麼這項實驗結果就無法拿來回應莫里內的問題，因為小嬰兒可能早在實驗前就已經學到觸覺與視覺之間的關聯性了。

天生盲人恢復視力後的視覺認知狀態

由於史翠麗的實驗仍有瑕疵，因此無法對莫里內的問題給出一槌定讞的結論。不過在二〇一〇年左右，另一項契機開始逐漸浮現，而其中的主角，就是麻省理工學院的帕萬．辛哈教授（**Pawan Sinha**）。

辛哈是美籍印度裔的知名視覺神經科學家，是我相當敬重的一位視覺科學前輩。他的實驗室，就位於我當年在麻省理工學院研究空間的隔壁，我也因此常有機會聽到辛哈和他的實驗室同仁談及研究計畫和成果。辛哈早年的研究主題，著重於人類大腦如何透過視覺進行學習，他在一九九九年剛到達麻省理工學院的腦與認知科學系任教時，仍不太確定自己該如何做出突破性的研究，但是在一次回印度探親的旅程中，他發現了一個可以同時在科學與社會福祉都有所貢獻的研究機會。

在印度，每一百個人中就有一位是盲人，而且印度孩童的失明比例還比西方國家高出三倍，其中很多孩童是先天性白內障，因為偏鄉缺乏醫療資源而導致失明。這些失明的孩童，一般都會經歷痛苦的人生。根據統計，印度失明孩童的受教育和受雇機率不到一〇％，平均壽命也比一般孩童要少十五年，孩童時期的死亡率更是超過五〇％。

在明白印度失明孩童的困境後，辛哈立下一個心願，他想透過自己的研究計畫來幫助這些孩子，並且同時進行有意義的科學實驗。就在這樣的背景下，他開始推動「光明」（Prakash）計畫，希望能在印度各地找出先天性白內障的孩童，幫他們免費進行白內障切除手術，然後同時研究他們恢復視覺後的認知與大腦變化。而辛哈的義舉，也讓爭論長達三百多年的莫里內思想實驗，出現了近乎完美的真實實驗契機：讓看不見的盲人恢復視力，然後檢視其視覺認知狀態，這不正是莫里內問題的初衷嗎？

視覺科學大儒——海爾德

為了確保實驗的縝密與嚴謹，辛哈邀請了麻省理工學院的另一位視覺科學大儒理查德．馬克思．海爾德（Richard Marx Held），一起參與研究規劃。海爾德是視覺認知發展領域的研究先鋒，而我和他的交集，也是發生於我在麻省理工學院的博士後研究時期。只不過我和他第一次相遇時，就差點因為我的眼拙而鬧出笑話。

由於個性使然，我從小就對社交活動不太熱衷，在二〇〇八年來到麻省理工學院時也依然如此。不過我對科學的喜好，終究是壓過了對社交的恐懼。在這個頂尖科學家雲集之處，我總是會強迫自己多參加各種社交活動，以免錯過各領域的個中翹楚與重要研究。為了讓自己在社交活動時的交談更順利，我通常都會事先做足了功課才去參與活動。比方說，最基本的功課，自然就是熟記系上所有教師和研究者的名字、照片，以及他們的學術研究主題。因此，我很少會在系上的社交場合發生人物認錯或失認的狀況。

不過，二〇〇八年末的一場學術演講會後，我在用餐交際時遇到了一位八旬老翁。我對這位老先生的臉孔毫無印象，因此推測他應該不是系上的教師或研究者。在自我介紹時，他說自己叫做「狄克」（Dick），由於這個名字不曾出現在系上的人員名單中，我便更加確信他應該不是系上的人。因此，我沒有多問對方的來歷，便開始肆無忌憚的和他分享我的研究成果和未來計畫。讓我驚訝的是，這位老先生對我研究主題的相關歷史背景竟然都瞭若指掌，而且也很精確的點出其中的可能缺陷，並且提出許多建議與可用資源。回到家中夜深人靜時，我在訝異與感佩之餘愈想愈不對勁，於是就和同儕打探了一下這位老先生的身分。這下才發現，原來他就是海爾德。

海爾德在視覺科學領域中，有許多豐功偉業。早年他曾經和完形心理學大師沃夫岡．柯勒（Wolfgang Köhler）有過合作。大名鼎鼎的黑猩猩解謎頓悟研究（黑猩猩會把幾個木箱疊高，來拿取高處的香蕉），就是出自柯勒之手。在納粹德國期間，擁有德國血統的柯勒曾經公然反對納粹，他告訴學生，知識分子應該勇於堅持理想並抵抗威權，並在一九三三年四月，於柏林報紙上發表文章批判納粹惡行。一九三五年，柯勒對納粹德國感到心灰意冷，決定移居美國，他曾任教於斯沃斯摩學院（Swarthmore College），並輾轉來到我曾就讀的達特茅斯學院（Dartmouth College），最後於一九六七在我曾經住過四年的新英格蘭小鎮恩菲爾德（Enfield）辭世。當年我和幾位同學，一度試圖找出柯勒最後的住所及墓碑，但很可惜已沒有任何蹤跡可尋。沒想到後來在麻省理工學院，竟然遇到曾經和柯勒共事的海爾德，也算是間接一了心願。

柯勒任教於斯沃斯摩學院時，年輕的海爾德加入了他的實驗室，他們在一項實驗中發現，視覺刺激會引發頭殼上的電位變化（**Köhler and Held, 1949**），這項結果發表在一九四九年的《科學》（*Science*）期刊，是確認神經細胞與視覺刺激關聯性的最早論文之一，後來休伯爾與威澤爾的諾貝爾生醫獎研究，就是受到這篇論文的啟發。

海爾德的另一項知名研究，就是他在一九六三年的「旋轉小貓」（**kitten carousel**）實驗（**Held and Hein, 1963**）。當年海爾德想要探究「主動運動」對於視覺發展的重要性：他想知道，「透過身體移動去主動感知視覺刺激」與「被動的接受視覺刺激」這兩種情境，對於視覺發展是否會有不同影響？於是，他設計了一個精巧的機械平臺，這個平臺很像是遊樂場中的旋轉木馬，差別在於這個平臺上只有兩個座位，而且也不會自己轉動。海爾德找來兩隻從未見過任何光線的小貓，把一隻小貓綁在其中一個座位上，然後讓這隻小貓可以在移動時拉動另外一個座位。而另外一個座位，則放置了另一隻完全不能自己自由移動的小貓。這個平臺的精巧之處在於，當平臺被其中那隻可以自由移動的小貓拉動時，兩隻小貓都會有幾乎一樣的視覺感受。而兩隻小貓的唯一差別就在於，其中一隻的視覺刺激變化是來自於自己的主動運動，另一隻則是完全被動的接受視覺刺激變化。

結果發現，經過數十個小時的視覺刺激後，曾經主動探索環境的小貓，都可以正確的伸出貓掌去觸碰眼前的物體、可以分辨懸崖、也能在物體快速靠近眼睛時趕緊閉眼；相較之下，被動接受視覺刺激的小貓則無法做到。由此可知，主動透過身體去探索環境，乃是正常視覺發展的必要條件。（這項發現應該也適用於現代人的育兒方針：切記要讓幼兒主動探索世界，不能只是被動的觀看3C。）

海爾德還有另外一項知名研究，就是發現人類「盲視」（blindsight）現象的證據。一九七三年，海爾德和同事找到了一位因大腦視覺皮質受傷，而導致失明的退伍軍人。不過，這位病人的失明並不是一般盲人的那種眼盲，而是「皮質盲」。所謂的「皮質盲」，就是眼睛完好無缺，但卻因為大腦視覺皮質受傷，而完全看不見任何事物。由於先前的動物研究文獻曾經記載，猴子的大腦視覺皮質受傷時，有時候會出現「盲視」現象。所以海爾德也測試了這位病人，想看看他是否也有「盲視」現象。

「盲視」現象，就是在看不見眼前任何事物的情況下，仍然能夠猜對眼前的事物。為了檢視這位病人是否有「盲視」，海爾德在這位病人看不見的視野中，選定的某個位置閃現光點，並要求他移動眼球去看向光點的位置。沒想到統計結果顯示，這位退伍軍人的視線和光點位置竟然有正相關；也就是說，他的視線和光點位置重疊的機率高於隨機值。換句話說，雖然這位病人回報自己完全看不見任何東西，但當他被要求去猜測光點的位置時，卻常常可以猜得對。這就是人類「盲視」現象的最早證據（**Pöppel et al., 1973**）。

除了研究成果優異，海爾德也作育英才無數，培養出許多優秀的視覺科學家，包括視知覺與視錯覺專家下條信輔（**Shinsuke Shimojo**）、視覺搜尋與注意力研究專家傑里米．沃爾夫（**Jeremy M. Wolfe**）、動態視知覺專家羅伯特．席庫勒（**Robert W Sekular**），以及視覺與聽覺整合研究專家芭芭拉．辛克寧罕（**Barbara Shinn-Cunningham**）等人，都是出自海爾德門下。

既然我對海爾德的研究與門生如數家珍，怎麼還會沒有當面認出他來呢？原來，海爾德在二〇〇〇年就已經從麻省理工學院退休，網站上也沒有再看到他的名字和照片。也就是因為如此，我才沒能認出他的臉孔。此外，海爾德使用了「**Dick**」這個簡稱，而沒有使用「**Richard**」，更是讓我摸不著頭緒。還好當時我沒有造次胡言失了禮數，不然可就貽笑大方。

第二次見面時我告訴海爾德，說我久仰他的大名，他則打趣的說，自己現在是辛哈的博士後研究員。原來海爾德在退休後，仍然選擇留在他熟悉的學術圈貢獻所學。剛好辛哈準備在印度展開「光明」計畫，所以海爾德便加入了辛哈的研究團隊，準備挑戰莫里內的問題。

天生盲人恢復視力後無法轉換視覺與觸覺

在「光明」計畫中，海爾德和辛哈找來剛剛做完白內障手術的天生眼盲受試者，第一步驟，是要先確認受試者的觸覺沒問題。這個步驟的做法很簡單，就是讓受試者先抓握一個物體後，再給受試者兩個物體（一個是剛剛抓握過的物體，另一個是不同的物體），然後請受試者判斷，哪一個物體是先前抓握過的物體。結果發現，受試者都能輕鬆答對，這也顯示出他們的觸覺沒有問題。第二步驟，是要測試受試者的視力是否已經真的恢復。這個步驟的做法，基本上和上一個步驟一樣，只是換成視覺。受試者會先看到一個物體，接著再給受試者看兩個物體（一個是剛剛看過的物體，另一個是不同的物體），然後請受試者判斷哪一個物體是先前看過的物體。結果受試者也都能輕鬆答對，顯示出他們的視覺已經恢復了。

接下來的第三步驟，則是此實驗的關鍵。受試者會先「抓握」一個物體，接著再給受試者「看」兩個物體（一個是剛剛抓握過的物體，另一個是不同的物體），然後受試者必須判斷眼前看到的物體，哪一個是先前抓握過的。結果發現，受試者無法做出正確判斷。也就是說，受試者無法把觸覺經驗過的形狀和視覺看到的形狀進行配對。海爾德和辛哈的實驗結果，對莫里內的問題寫下了一個明確的「否」字。

有趣的是，雖然這些受試者在手術剛結束時，無法完成觸覺和視覺之間的轉換，但在手術結束短短一週後，就能順利做到上述的知覺轉換。人類大腦的可塑性，著實讓人驚嘆。

海爾德與辛哈的團隊，在二〇一一年將實驗結果發表於《自然─神經科學》（*Nature Neuroscience*）期刊上。長達三百二十三年的哲學爭論，終於在科學實驗中劃下一個看似句點的逗點。二〇一六年，海爾德辭世，享年九十四歲。

Chapter 10

為何三歲開始說謊？

——關於說謊的心智理論與執行控制能力

說謊行為，
是孩子在正常認知發展下，
必然會出現的常態。
與其擔心，不妨正向看待，
引導成為孩子適應複雜社會的正面能力。

彼竊鉤者誅，竊國者為諸侯。

——《莊子．胠篋》

成王敗寇，是大家耳熟能詳的一句成語。在我年幼剛學到這句成語時，一直對其中的描述感到有些小題大作。畢竟，在戰場上，勝者為王、敗者為寇，這不是理所當然嗎？而且別說敗者為寇了，兩軍相接，敗者通常連命都保不住，區區淪落為寇，實在不足為奇。然而在中學時，我讀到了司馬遷引用莊子之言「竊鉤者寇，竊國者侯」，這時才恍然大悟，原來成王敗寇這句成語的適用之處，似乎不僅只於戰場，而是近乎普世皆然。

此話怎解？「鉤」是古代的尋常賤物，竊鉤的小賊若是失風被逮，下場只有一個字：誅。相形之下，透過殺戮、權謀和收買等腹黑手段而成功竊國的大盜，卻能搖身一變成為王侯。由此可知，即使是像竊盜這樣的法律明定罪行，也有機會在不同的情境脈絡下，澈底翻轉形象。當竊盜的目標大如國家時，只要最後事成，話語權和歷史形塑權就會一同納入手中，再加上趨炎附勢之徒的唱隨附和，欲行顛倒黑白、指鹿為馬之事，簡直易如反掌。

既然連竊盜這樣的法定罪行，都有機會讓世人如此難辨黑白，那像說謊這樣的小惡，自然也會在成王敗寇的結果論下，展現出更寬廣的灰色地帶。事實上，父母和老師在面對孩子和學生的說謊行為時，時常都會陷入這些灰色地帶而寸步難行。

對三歲的孩子而言，說謊是常態

儘管父母和老師在家庭和學校中都會經常強調不能說謊，但是發展心理學的研究結果卻顯示，說謊是三歲左右以上孩子的常態行為。研究兒童說謊時最常用的方法，稱為「誘惑抵抗典範」（**temptation resistance paradigm**）。在此實驗典範中，實驗人員通常會在孩子面前擺放一些物品或玩具，然後明確告訴孩子不要在獨自一人時偷看物品或玩弄玩具。由於兒童具有強烈的好奇心，再加上他們尚未發展出足夠的定力去抵制誘惑，因此大多數兒童在獨自一人時，都會忍不住去偷看或玩弄眼前的物品和玩具。當實驗人員回來時，會問孩子是否偷看或玩弄了玩具。此時的孩子，可以決定說謊或坦承自己的行為，由於這種狀況非常類似孩子平時說謊的自然情境，因此常被用來作為探測說謊行為的實驗典範。

在這樣的情境下，孩童偷看和說謊的比例有多高呢？在一九八九年的一項經典研究中，羅格斯大學（Rutgers, The State University of New Jersey）的路易斯（Michael Lewis）團隊以此實驗典範測試了三十三名兒童，結果有二十九名偷看了玩具，而其中有三八％的兒童謊稱自己沒有偷看（Lewis et al., 1989）。二〇〇二年，多倫多大學（University of Toronto）的李康（Kang Lee）和麥基爾大學（McGill University）的維多利亞·泰爾沃（Victoria Talwar）成功重現了這個結果，並且發現四歲至七歲的兒童說謊比例更高，甚至有超過八成都會說謊

（**Talwar and Lee, 2002**）。

儘管三歲左右就會開始說謊，但「圓謊」的能力則要較晚才會發展成熟。心理學家常使用一種名為「語意洩漏控制」（**semantic leakage control**）的方法，去檢測孩子在說謊時是否擁有保持陳述一致性的圓謊能力。比方說，泰爾沃和李康透過實驗發現，當孩子謊稱沒有偷看玩具時，如果進一步追問他們「玩具是什麼」，大多數三歲至五歲的兒童都會脫口說出玩具的名稱，相較之下，六歲至七歲較年長的孩子則有大約一半會佯稱自己不知道玩具是什麼。這項發現顯示，隨著年齡增長，孩子的圓謊能力也會愈強（**Talwar and Lee, 2002**）。

「心智理論」與「執行控制」能力

究竟是什麼原因，導致孩子在三歲時開始說謊，並且還會隨著年齡增長而變得更會圓謊呢？學者認為，孩子的說謊能力，其實和兩項重要的認知能力有關，分別是「心智理論」能力，以及「執行控制」能力。

第二章曾經介紹過「心智理論」能力，就是擁有「能夠知道他人的信念可能和自己的信念不同」的能力。比方說，當你把朋友書包裡的糖果拿出來藏在抽屜後，你不但知道「糖果在抽屜裡」（你自己的信念），你也知道朋友仍會「以為糖果在書包裡」（他的信念）。心理學家認為，孩子一旦明白他人的信念可能和自己的信念不同，就有可能會嘗試透過隱瞞真實訊息等方式，來讓他人產生錯誤信念，並藉此操弄他人，以達到自己想要的結果。這項猜測，也在實驗中獲得證實。例如泰爾沃和李康就在二〇一二年的一項實驗中發現，孩子的心智理論能力愈好，就愈容易說謊（**Talwar and Lee, 2012**）。

至於「執行控制」能力，則是在意識控制下進行目標導向的行為，其中涉及了自我調節、抑制控制、工作記憶、注意力轉移、計劃和策略運用等更細部的認知能力。如果缺乏執行控制能力，孩子就會無法抑制自己脫口說出實話的衝動，換言之就是無法順利說謊。執行控制能力和前額葉有關，由於孩子的前額葉發展比其他腦區緩慢，所以他們的執行控制能力和說謊能力也只有在年紀較大時才能逐漸成熟。

明尼蘇達大學（University of Minnesota）的卡爾森（Carlson）也進一步透過實驗，發現了執行控制能力和說謊能力的相關性。在一九九八年的一項實驗中，孩童必須把球藏在兩個盒子的其中之一，並且要在他人找球的時候，刻意用手指向沒有球的那個盒子去誤導他人。卡爾森發現，執行能力較差的孩子，也會在進行這個動作的欺騙作業時遇到困難（Carlson et al., 1998）。

強化道德理解能力

如果說謊行為是孩子在正常認知發展下必然會出現的常態，那該如何引導才能減少孩子說謊呢？發展心理學家發現，至少有以下三種做法，可以協助孩子減少說謊：第一種，是透過道德知識教育；第二種，是透過結果演示；第三種，是透過觀察式學習。

首先，我們來看看道德知識教育。關於道德知識教育的有效性，其實有很多人原本都抱著不以為然的看法。畢竟，父母與老師總是三令五申的宣導誠實才是好行為，但孩子的說謊行為卻仍是常態。除此之外，一些早期的研究，似乎也沒有找到「道德理解能力」和「說謊行為」之間的關係。比方說，在二〇〇二年的一項研究中，泰爾沃的團隊檢視了孩子的道德理解能力後發現，道德理解能力的表現和說謊行為之間沒有相關性（**Talwar et al., 2002**）。不過，心理學家後來發現，上述欠缺相關性的結果，原來是早期的道德理解能力測量方式沒有足夠的區辨力所致。當心理學家改採更精確的方式去測量道德理解能力後，就發現「道德理解能力」和「說謊行為」之間的負相關性：當孩子的道德理解能力愈好，說謊行為就愈少（**Talwar et al., 2004; Talwar and Lee, 2012**）。有鑑於此，若能在教育過程中強化孩子的道德理解判斷，可能就有機會幫助孩子減少說謊行為。

強調誠實正向結果

協助孩子減少說謊的第二種可行方式，就是透過結果演示。最近的一些研究發現，只要透過簡單的道德模範故事去強調說實話的正面結果，就可以減少孩童的說謊行為。在二〇一四年的一項研究中，李康和泰爾沃的團隊將三歲到七歲的孩子隨機分成四組，每組分別聆聽一個不同的道德故事，分別是〈龜兔賽跑〉、〈木偶皮諾丘〉、〈狼來了〉和〈華盛頓砍櫻桃樹〉。結果發現，只有〈華盛頓砍櫻桃樹〉的故事能讓孩子在之後的「誘惑抵抗典範」實驗中減少說謊。我們可以由此推論，當強調說實話的積極後果時，就有機會促進兒童誠實面對自己的錯誤行為（**Lee et al., 2014; Talwar et al., 2016**）。

此時大家可能會好奇：為什麼強調說謊話的負面後果，並不能有效減少說謊行為呢？心理學家認為，可能兒童考量自己犯錯坦白後會受到處罰，而產生畏懼和逃避心理，因此反而想透過說謊來賭上一把，期望自己不會被抓到。

泰爾沃和李康在二〇一一年的一項調查研究中，就觀察到支持上述現象的證據。在這項研究中，他們在西非地區調查了八十四位三歲到四歲的孩童，這些孩童分別來自兩個不同的學校，其中一個學校採行體罰等方式的處罰管教，另一個學校則是不採行處罰管教。結果發現，來自體罰學校的學生，更有可能會透過說謊去隱藏自己的輕微違規行為，而來自非處罰學校的學生，則較不會如此（**Talwar and Lee, 2011**）。

上述這些結果告訴我們，減少孩子說謊行為的最佳策略，應該是要強調說實話的正向好處，而非過度強調說謊的負面結果，因為後者可能會讓孩子為了逃避處罰而更想說謊。

觀察社會學習

協助孩子減少說謊的第三種可行方式，就是透過觀察式的社會學習。史丹佛大學的心理學家亞伯特・班度拉（**Albert Bandura**），分別在一九七七年和一九八六年出版了《社會學習理論》（*Social Learning Theory*）和《思想與行為的社會基礎》（*Social Foundations of Thought and Action*）兩本書，並在書中闡述了他的社會學習理論。班度拉認為，觀察他人的行為，是學習有關態度和價值觀等社會信息的最有效方式。而兒童的社會學習歷程亦是如此：兒童會觀察社會環境中的其他個體，並模仿他們所見到的個體行為。

班度拉在一九六一年的一項經典實驗中發現，當兒童觀察到實驗者對「**Bobo**」玩偶進行暴力行為後，也會隨之對玩偶展現出攻擊行為（**Bandura et al., 1961**）。除了攻擊行為，後續許多研究也都記錄了兒童的各種社會模仿行為，包括情緒調控、道德判斷和價值觀等。有鑑於兒童在許多發展面向都會進行觀察式社會學習，心理學家便決定檢視社會學習是否也會影響說謊行為。

說到社會學習對說謊行為的影響，讀者可能馬上就會想到一個問題：大人本身的說謊行為會不會對小孩造成影響？比方說，如果小孩聽到父母在講電話時透過「已經吃過了」的謊言推辭他人的社交晚餐邀約，或者聽到父母在路邊透過「身上沒錢」的謊言擺脫要錢的流浪漢，這些看似漫不經心的方便謊言，是否會經由觀察式學習而導致孩子更容易說謊？

說來慚愧，這個明顯且重要的問題，竟然一直要到近幾年才有心理學家透過實驗找到答案。在二〇一四年的一項研究中，加州大學聖地牙哥分校（**University of California, San Diego**）的萊斯莉・卡弗兒（**Leslie Carver**）首次檢視了「大人對孩子說謊」是否會導致孩子也更愛說謊。在這項研究中，三歲至七歲的孩子被隨機分成兩組，其中「被騙組」的孩子，會被大人用「有好吃糖果」的謊言騙進實驗室，然後再告訴孩子其實沒有糖果，來實驗室的目的其實是要進行一個好玩實驗。作為「對照組」的孩子，則是直接被告知要到實驗室去進行好玩的實驗。結果發現，「被騙組」的孩子在接下來的「誘惑抵抗典範」實驗中，會比控制組中的孩子更容易說謊。

聰明的讀者看到這個結果，可能馬上就會懷疑：「被騙組」的孩子之所以有較高比例會說謊，有沒有可能不是經過觀察學習後有樣學樣，而是單純因為他們被大人騙後心有不甘才挾怨報復？

有鑑於此，泰爾沃的團隊就在二〇一七年進行了另外一項研究。這一次，實驗人員稍微改變了問題和實驗方式，他們想知道：當孩子觀察到大人犯錯後坦白或說謊的下場後，會不會從觀察中習得教訓並因此改變自身行為。在這項實驗中，五歲到八歲的孩子被隨機分成四組。每一組的孩子都會先觀察到大人在做錯事後說謊或坦白的某一種後果。

第一組的孩子，會看到大人在犯錯坦白後獲得獎勵。
第二組的孩子，會看到大人在犯錯坦白後獲得處罰。
第三組的孩子，會看到大人在犯錯說謊後逃過一劫。
第四組的孩子，會看到大人在犯錯說謊後獲得處罰。

接下來，四組孩子都會參與「誘惑抵抗典範」實驗，結果發現，第一組和第四組的孩子說謊比率明顯比其他兩組低。換言之，當孩子看到大人在犯錯坦白後獲得獎勵，或是在犯錯說謊後獲得處罰，他們自己的說謊行為會因此而減少（**Engarhos et al., 2017**）。由此可知，「獎勵坦白」和「處罰說謊」的觀察式社會學習，都有機會減少孩子的說謊行為。不過，先前已經解說過「處罰說謊」可能會帶來的反效果，因此「獎勵坦白」應該還是減少孩子說謊的最佳做法。

正向看待孩子說謊，引導成為適應複雜社會的能力

在我學到「竊鉤者誅，竊國者侯」這句話的多年後，才逐漸明白這似乎是一句反諷語。但真正諷刺的是，這句話是如此的貼近事實，讓人幾乎已經無法感受到其中反諷的意味。而在說謊這件事上，我們同樣也面臨類似的諷刺與矛盾。在教導和希望孩子誠實的同時，大人卻同時在說著各式各樣的謊言，先撇開違反誠信等詐欺犯罪行為，小至聖誕老人和白色謊言，大至掩飾情緒阿諛奉承，各種看似無傷的謊言其實每天不斷浮現在我們的心中和口中。

或許在面對孩子的謊言時，我們毋須太過擔心，畢竟孩子的第一次說謊和第一次成功圓謊，都代表著認知能力發展的重要里程碑。在面對孩子的說謊能力時，或許我們也可以正向面對孩子的說謊能力，讓孩子能在引導中正確學會說謊

的使用時機和正負後果，讓這項演化而來的重要能力，能自然的在複雜社會中展現它的正面功用與角色。

Chapter 11

青少年的衝動叛逆，其實是為了降低社交風險？

——「追求風險」與「感覺追尋」

利用同儕力量，
引領青少年認同正面的態度和行為，
來取代過去對抗式的「高壓管教」
與被動式的「理解疏導」。

「我希望青少年可以跳過十歲到二十三歲之間的歲月，
或是乾脆每日沉睡。
青少年一無是處，未婚懷孕、敗壞古風、
偷竊打架等惡行罄竹難書。」

（I would there were no age between ten and three-and-twenty,
or that youth would sleep out the rest;
for there is nothing in the between but getting wenches with child,
wronging the ancientry, stealing, fighting.）

——威廉．莎士比亞（William Shakespeare），《冬天的故事》（*The Winter's Tale*）劇中台詞

二〇二〇年九月十七日，就讀中國武漢市江夏區第一中學的十四歲張姓同學，因為在教室參與了另外兩位同學的撲克牌遊戲，被班主任一狀告訴家長。張

同學的母親到校後，直接甩了張同學兩個耳光，他不作聲響默默承受。母親洪亮的責罵聲，響徹走廊旁的數間教室，聽在張同學心裡，也傳進數百位周遭同學的耳中。母親臨走前，重重的用手推了推孩子的頭，彷彿希望能夠就此點醒孩子，張同學一個踉蹌後，留在原地靜默看著母親轉身離去。隨後張同學望向母親離開的方向，並回頭看了看身後五樓的走廊圍牆。數度望向母親離開方向的他，不知是在怨恨母親方才的責罰，還是在思量母親未來是否會想念自己？亦不知他是在確認母親已經離去，還是希望母親仍能回來再見一面？數分鐘後，他轉身一躍而下，心中對於母親的最後念頭為何，再也沒有人能夠回答。

「不畏風險」的背後是「感覺追尋」

為什麼青少年比小孩和成人更容易衝動？青少年不同於孩童與成人的行為，究竟是生理上的錯誤異常所致，還是一切都有演化生物學的合理解釋？面對青少年的叛逆和冒險行為，教師與家長該用何種方式應對？除了傳統的高壓管教，是否還有其他的可能途徑？這一切，可能都要從人類的「追求風險」和「感覺追尋」現象開始說起。

為什麼有些人特別喜歡追求刺激和風險（risk-taking）？美國的人格心理學家馬文．祖克曼（Marvin Zukerman）認為，追求風險只是行為表象，這種行為表象的背後，其實是一種稱為「感覺追尋」（sensation-seeking）的人格特質。

根據祖克曼的理論，擁有「感覺追尋人格」的人，通常喜歡追求新奇強烈的感覺體驗，例如聆聽高強度類型的音樂、偏好刺激的愛與恐怖影片、熱衷異國旅行、藥物、酒精、賭博和極限運動等。值得注意的是，這些「感覺追尋者」的追尋重點，其實是「感覺體驗」，而非風險。舉例來說，「感覺追尋者」並不一定總是從事高風險行為，例如聆聽高強度音樂和觀賞恐怖電影就不涉及任何風險。然而，在某些感覺追尋的過程中，如果必須冒險才能獲得這些體驗，他們就會毫不猶豫的展現出這種態度。換言之，相較於一般人，「感覺追尋者」更樂於勇敢的追求感覺體驗，而風險則是他們願意承擔的代價。

多巴胺開啟人類尋找愉悅的便利途徑

為什麼擁有「感覺追尋人格特質」的人，特別喜歡追尋嶄新和強烈的感覺經驗，甚至不畏懼風險，也執意這麼做呢？有一種說法認為，這其中的部分原因和一種名為「多巴胺」（**dopamine**）的神經傳遞物質有關。多巴胺和腦中多種重要的認知活動都有關係。以運動為例，大家時常聽到的帕金森氏症（**Parkinson's disease**），就是因為腦中分泌多巴胺的系統出問題所致。

多巴胺也是大腦獎勵系統中的要素，它會讓我們產生愉悅的感受。從演化的觀點來看，這套系統可以獎勵我們從事各種有助於生存和繁衍的活動。以追捕獵物為例，原始人類在進行這項活動時需要耗費大量的精神和體力，同時也會面臨受傷和死亡的風險。如果大腦沒有提供愉悅感作為獎勵，人們就不會有強烈的動機去追捕獵物。性行為也是如此，進行性行為需要消耗體力，同時也可能因缺乏警戒而遭受攻擊，如果大腦不提供性行為的愉悅感作為獎勵，人們可能就不願意進行性行為。換言之，如果個體的大腦缺乏獎勵系統，就會不願意去從事這些和生存繁衍有關的高風險活動，這樣的個體在演化中也就可能被淘汰。相較之下，在演化的過程中，如果個體在從事這些行為時能透過多巴胺產生愉悅感作為獎勵，那麼該個體就具有較強的生存競爭優勢，也較有可能在演化中脫穎而出。

由此可見，多巴胺的愉悅酬賞機制可被視為是一種鼓勵生物面對風險的演化產物。也因此，風險存在之處，多巴胺必相隨。而這種風險和多巴胺之間的關聯現象，也意外的開啟了一個尋找愉悅的便利途徑。人們很快意識到：只要冒著風險，就可以獲得愉悅感！雲霄飛車、高空彈跳、偷情、偷竊、賭博等，甚至只是涉及到「虛擬風險」的恐怖電影等活動，都成為人們獲取多巴胺愉悅感的方便途徑。有些人甚至直接透過藥物改變多巴胺系統，以獲得愉悅感。例如尼古丁可以刺激多巴胺的釋放、古柯鹼可以阻止多巴胺的回收，而安非他命則不僅刺激多巴胺的釋放，還延長多巴胺受體的活性時間。這些藥物可以增強多巴胺的作用，並產生成癮效應。

DRD4 基因與 MAO 基因影響人類的感覺追尋人格

除了生理上的發現，感覺追尋人格的基因相關研究亦是方興未艾。早期的研究在比較同卵雙胞胎和異卵雙胞胎的差異後發現，基因可以解釋大約六〇%的感覺追尋差異。而近代的分子遺傳學，也進一步找到一些可能的相關基因。例如當不同變體的DRD4（dopamine D4 receptor, DRD4；即「多巴胺D4受體」[1]）基因產生感受性較低的多巴胺受體時，該個體可能就會透過「尋奇」（novelty-seeking）的方式，來刺激生成更多的多巴胺作為彌補。

這種因為低感受性多巴胺受體所導致的「尋奇」行為，可能也和注意力不足過動症（Attention Deficit Hyperactivity Disorder, ADHD）有關。注意力不足過動症的特徵之一，就是個體常常會很快對目標失去興趣，並因此把注意力轉向其他更有趣的事物，這樣的反應和「尋奇」行為可以說是異曲同工。然而值得反思的是，這種「尋奇」或「注意力快速轉換」的行為特徵，真的是「病徵」嗎？還是說，這可能只是正常的個體差異而已，甚至還可能是「有益」的能力？

為了回答這個問題，美國華盛頓大學的人類學家艾森伯格（Dan T. A. Eisenberg）在非洲進行了一項調查，其結果讓大家都陷入沉思。就像都市中的現代人一樣，艾森伯格的團隊在非洲肯亞的阿里爾族（Ariaal）人身上，也觀察到兩種不同變體的DRD4基因型，其中一種稱為一般型的DRD4基因，另一種則是DRD4亞型基因。我們現在已經知道，由於DRD4亞型基因所產生的多巴胺受體感受性較低，因此會在現代都市人的身上導致過動和適應不良。那麼，帶有DRD4亞型基因的阿里爾族人表現如何呢？他們會不會也像帶有DRD4亞型基因的都市人一樣適應不良？艾森伯格的團隊發現，「定居農耕型」的阿里爾族人中，帶有DRD4亞型基因的個體確實健康情況比較差，他們推測這可能是因為類似注意力不足過動，而產生適應不良的結果。

有趣的是，阿里爾族人其實有兩種生活型態，一種是上述的「定居農耕型」，另一種則是「遊牧型」。艾森伯格發現，在「遊牧型」的阿里爾族人中，帶有DRD4亞型基因的個體健康情況反而比較好。艾森伯格因此推論，DRD4亞型基因可能原本是演化早期比較具有優勢的基因，擁有這種基因的個體，會因為多巴胺受體感受性較低而出現「注意力不斷轉換」或「尋奇」的行為，而遊牧生活型態可能本來就需要注意各種經常變動的刺激，所以這些個體也就如魚得水般的適應良好。可惜的是，在「定居農耕型」與現代都市社會中，這個原本適合在原始環境中生存的DRD4亞型基因，就顯得有些格格不入（**Eisenberg et al., 2008**）。

艾森伯格的這項研究傳達一個重要訊息，就是注意力不足過動的行為表現，或許不應該被簡單的歸類為「病徵」。現代醫學把注意力不足過動視為「病徵」並且以藥物強迫矯正的做法，值得我們深切反思。

和感覺追尋有關的另一個可能基因，就是會產生單胺氧化酶（**monoamine oxidase, MAO**）的MAO基因。單胺氧化酶是負責代謝多巴胺和血清素等單胺類物質的酵素，當人體內的單胺氧化酶較多時，多巴胺和血清素就會因為容易被分解代謝，而維持在較低的濃度。MAO基因的運作機制，或許可以解釋為什麼女性罹患憂鬱症的比例較高。其中的緣由在於：MAO基因位於X染色體上，所以女性體內的單胺氧化酶濃度會比男性高（Robinson et al., 1971; Shih, Chen, & Ridd, 1999），因此多巴胺和血清素的濃度較低，心情比較容易低落（Daitzman & Zuckerman, 1980; Robinson et al., 1971）。這套機制，似乎也可以合理解釋，為什麼單胺氧化酶抑制劑可以當作抗憂鬱的藥劑，因為當單胺氧化酶被抑制後，多巴胺和血清素比較不會被分解，故能維持濃度，讓個體有較長時間的愉悅效果。

感覺追尋在十九歲達到巔峰後漸緩

感覺追尋的冒險行為，除了會因為個體的基因而有所差異，也會隨著年齡的成長而出現巨大變化。統計資料顯示，感覺追尋的行為程度，會隨著年齡一路攀升，並在十九歲左右達到巔峰後逐漸下降（Stenberg et al., 2007）。

為什麼青少年總是叛逆、衝動，而且不顧危險？這個問題一直困擾著每個世代的家長和學者。而關於這個問題的看法和理論，也隨著時代變遷和相關知識累積，而出現了三個階段的革命性變化。

第一階段：身心劇變的「錯誤」

第一階段，是在腦科學尚未發達的七〇年代和八〇年代，當時人們普遍認為，青少年的叛逆是由於身心急遽變化所致。在身體方面，因為青春期的生理劇烈變化，而造成荷爾蒙失調與情緒失控。在心理方面，青少年由於自我意識逐漸發展強化，導致自我認知與他人的期望不符，在這樣的情況下，或許只有透過反抗父母與衝撞權威，才能順利找到自己的定位而成長獨立。

這個理論所衍生出來的教育方針，通常是高壓對抗式的管教和處罰。在數十年前行為主義仍是主流的年代，主張透過獎懲制約學習，來對治青少年的身心「錯誤」行為，現在的家長和老師可能仍記憶猶新。

第二階段：前額葉發展較慢的「錯誤」

然而在九〇年代以後，腦科學的新發現卻逐漸勾勒出一幅不同的樣貌，並因此把青少年問題的理論爭議推入了第二階段。隨著腦科學的發展，認知神經科學家開始逐漸明白，大腦的每個腦區和系統似乎有著不同的發展速度，而青少年的叛逆行為，或許就是大腦各個系統之間的發展速度不一，而導致的衝突結果。舉例來說，人類的行為決策至少涉及兩大系統，其中一個系統是由邊緣系統和杏仁核所掌管的情緒系統，另一個系統則是由前額葉所操控的理性系統。目前的研究發現，這兩大系統的發展成熟速度有很大的差異。和情緒有關的邊緣系統發展速度較快，大約在青春期即發育成熟，但是負責以理性抑制情緒的前額葉，卻要到將近三十歲才會發育完成。換句話說，在情緒系統早已成熟並且全力高速運轉的青春期，負責以理性與其抗衡的前額葉仍在襁褓中，此時前額葉的牽制之力宛如螳臂當車，很難阻止情緒的巨大力量。

在明白大腦不同區域系統的發育速度差異後，人們也開始對青少年的叛逆行為有所改觀。大家開始逐漸明白，原來青少年的行為並非只是單純的荷爾蒙失調，也不是刻意要與父母和師長作對，他們的各種叛逆與冒險行為，有可能只是前額葉尚未發育成熟所致。根據這個理論所推出的教育與教養方針，通常會建議教師和家長以「理解疏導」代替原有的「高壓管教」。畢竟，青少年的前額葉尚未成熟，或許教師和家長應該扮演他們的前額葉，才能讓他們的情緒性行為受到理性節制。

然而，這樣的教育與教養方針似乎仍有缺陷。即使現在大家已經認知到青少年行為的癥結，是因為腦中各個子系統的發育速度不同，但是多數人仍然延續過去的迷思，認為青少年的叛逆是生理上的「錯誤」。在腦科學出現前，大家認為青少年的叛逆是荷爾蒙與身心發育的錯誤；在腦科學出現後，青少年的叛逆變成是腦區發育速度不同的錯誤。但無論是荷爾蒙與身心發育的錯誤，還是腦區發育速度不同的錯誤，橫豎都是歸結至「錯誤」兩個字。

但事實真是如此嗎？前額葉的發育速度較慢，真的只是發育過程中的一場錯誤，還是可能具有演化上的正面意義？

第三階段：衝動叛逆是為了降低社交風險的合理作為

隨著愈來愈多心理學家和認知神經科學家紛至沓來投入青少年研究，目前的理論和證據也演變至第三階段，認為青少年前額葉較慢的發育速度和其叛逆冒險行為，似乎並不是「錯誤」，而是針對同儕環境展現出適應性的「合理」反應。

傳統的「身心錯誤」假說，主張青少年的衝動和冒險行為是非理性的「錯誤」，但是倫敦大學學院的認知神經科學家莎拉—珍・布萊克摩爾（**Sarah-Jayne Blakemore**）則不以為然，她認為青少年的行為有可能是非常合理的做法。布萊克摩爾提出的「降低社交風險」假說認為，青少年階段是社交環境劇烈變動的時期，讓青少年由原本相對穩定的小家庭環境，轉入詭譎多變的大社會環境。此時最關鍵的目標應該是要降低社交風險，好讓自己能夠融入同儕以避免被排擠，由於這個社交目標比其他像是保持健康和遵守法律等目標的優先程度都更高，因此青少年才會展現出各種衝動和冒險的行為。換句話說，青少年可能會為了融入同儕，而選擇犧牲健康（例如吸菸與喝酒）和打破常規（例如飆車超速）。從這個角度來看，青少年的行為並非是「錯誤」，而是為了降低被社交排擠風險的「合理」做法（**Romer et al., 2017; Blakemore, 2018**）。

同儕影響與社交排擠焦慮讓青少年選擇冒險

那麼，有無證據可以支持布萊克摩爾的「降低社交風險」假說呢？目前的研究已發現兩大類證據。第一類證據顯示，同儕對青少年的影響力特別大。第二類證據則是發現，青少年特別擔心社交排擠。

我們先來看看第一類證據的相關研究。關於同儕對青少年的影響力，目前的研究已發現，同儕相處時間在青少年時期達到高峰（**Lam et al., 2014**），而且同儕觀感對自我評價的影響力，也在青少年時期最為強烈（**O'Brien and Bierman,**

1988; Knoll et al., 2016, 2017）。和獨處時相比，青少年與同儕相處時的高風險行為會增加（例如使用菸酒和藥物）（D'Amico and McCarthy, 2006; Reniers et al., 2016; Yuen Lok and Mak, 2013）、危險駕駛行為也變多（Chen et al., 2000; Gardner and Steinberg, 2005），但成人則不會如此。

值得注意的是，傳統的「身心錯誤假說」，以及布萊克摩爾的「降低社交風險」假說，分別對青少年行為做出了兩種不同的預測，而這兩種不同的預測，剛好可以用來檢視這兩種理論何者較正確。根據「身心錯誤假說」，青少年行為的根源是來自「身心錯誤」，因此多數行為都會出現負向偏差。相較之下，「降低社交風險」假說則主張青少年行為的根源是因為「同儕影響」，因此當同儕的意見和壓力是正向時，青少年的行為也會有正向的結果。

確實，相關研究也符合後者「降低社交風險」假說的預測。多項研究都發現，同儕對青少年的影響並非總是負面的，有時候同儕意見也可以對青少年產生正面影響。例如在「勸說效應」中，當有同儕提議避開高風險行為時，青少年比較會聽從勸告（Maxwell, 2002）。在「志工效應」中，青少年在得知同校同學參與志工活動後，會比較願意一同加入（Choukas-Bradley et al., 2015）。在「公共財捐獻效應」中，青少年也會在見到同儕對慷慨行為的讚許後，給出較多的捐獻（Van Hoorn et al., 2016）。

支持「降低社交風險」假說的第二類證據，則是來自「青少年特別擔心社交排擠」的現象。研究發現，歷經社交排擠後的青少年情緒變化特別大（Sebastian et al., 2010），而且對同儕意見比較敏銳的那些青少年，也會出現更多的危險駕駛行為（Peake et al., 2013）。

除了上述證據，生理學實驗的結果也協助解釋了為什麼青少年容易受到同儕影響。研究發現，當青少年被告知有同儕正在觀看時，他們的膚電反應[2]（Galvanic skin response）會比較明顯（Somerville et al, 2013），這顯示出青少年的警醒程度，會因為同儕出現而上升。此外，青少年的背內側前額葉和獎勵中樞，也會在有同儕的時候（或想像有同儕時）特別活躍（Chein et al., 2011），這表示同儕的出現，可能會刺激青少年設想社交情境，並且改變他們對於獎懲的預期。

青春期的前額葉大腦可塑性高

布萊克摩爾甚至對青少年行為背後的大腦運作原則提出臆測。她認為青春期可能是大腦發育過程中，比較晚出現的敏感時期。在這個特殊的發育敏感期，大腦會對社交刺激這樣的特定環境刺激，反應特別敏銳。換句話說，青春期的大腦可塑性，可能會比其他時期更高。美國加州大學聖地牙哥分校的精神醫師杰吉德（Jay N. Giedd），也曾提出類似看法。他認為青春期大腦的可塑性之所以會提升，是因為青春期通常就是孩子長大離家、準備進入未知和迎接全新挑戰的時期，如果這個時期的大腦能有較高的可塑性，孩子就會有更高的適應力，去吸收、理解和接受新世界的衝擊。

然而，這樣的變化是雙面刃，提高大腦可塑性的同時，也會讓大腦進入較不穩定的狀態。我們現在已經知道，包括焦慮症和思覺失調症等精神疾病等，都好發於青春期。根據統計，五〇%的精神病症約在十四歲時可以見到蹤跡，而且有七五%會在二十四歲左右首次發病。這些負面的精神狀態變化，除了可能來自青少年的社交排擠焦慮，也可能和青春期的大腦可塑性變化有直接關係（Allen and Badcock, 2003; Joinson et al., 2017; van Harmelen et al., 2017）。

利用同儕力量引領青少年正面認同

在明白青少年的叛逆行為主要可能來自社交排擠焦慮後，我們就可以發展出不同的應對策略。教師和家長在和青少年相處時，也許可以改變過去那種對抗式的「高壓管教」，或是被動式的「理解疏導」，取而代之可以主動利用同儕的力量，引領青少年認同各種正面的態度和行為。

例如在二〇一六年發表的另一項研究中，就展現出「正向同儕效應」對青少年行為的良好引領效果。這項研究共有五十六所美國中學參與，其中超過半數的學校，每個年級都有學生自己出來帶領反霸凌的草根運動[3]（grassroot

movement）。結果發現，和不做任何操弄的對照組學校相比，前者的學生衝突事件減少了三〇%。更進一步分析還發現，如果反霸凌運動是由受歡迎的人氣學生所帶領，那麼效果會更加明顯（**Paluck et al., 2016**）。

在英國一項超過萬名青少年學生參與的大型研究中，也發現了類似結果。研究中，研究人員先請學生彼此評選出最有影響力的領袖人物，然後再將這些領袖學生訓練成反菸的公開推動者。兩年後的研究結果發現，和沒有領袖學生介入推動的學校相比，領袖學生所在學校的學生抽菸行為顯著下降（**Campbell et al., 2008**）。

這些研究結果告訴我們，在面對青少年叛逆行為時，除了對抗式的「高壓管教」和被動式的「理解疏導」，其實還有其他不同的選項。利用青少年特別在意同儕意見，以及想降低社交風險的心理，去設計出新方式引導青少年的正向行為，或許也能達到意想不到的效果！

用智慧化解人際衝突與憾事

武漢市江夏區第一中學的張姓同學離世後，據聞他的母親也在網路霸凌和自責下結束生命。當時的班主任因為內疚而抑鬱寡歡，目睹的同學也因為來不及伸出援手而遺憾自責，周圍教室的學生甚至還因為言猶在耳的聽到當時的責罵字句而餘悸猶存。人類行為的背後，多半有複雜多元的心理和生理成因，期望未來關於心理和行為科學的嚴謹實驗及推論，能逐步解開迷離撲朔心靈的背後機制，並進一步發展出適切的行為對應方式，協助我們以智慧化解人際衝突與憾事。

---

1 人腦對多巴胺的感受，部分是受到「多巴胺D4受體」所控制。

2 膚電反應是指，測量人體的皮膚在電流流動時，所產生的電阻變化。測謊的原理，就是膚電反應的應用，藉此觀察並比較受測者，是否出現不由自主的異常生理反應。

3 草根運動是指，由低層勢力群眾所開啟、發動的非常規性運動，不同於社會上具有勢力的實體（例如政府或企業）所發起或操作的運動。

「直覺連結」讓你誤以為哲學家都是男性，
甚至男性比女性更擅長哲學思考。
當偏見形成普遍流傳，
可能不自覺壓縮某些族群在該領域的發展與權益。

Chapter 12

女孩的數理能力一定比男孩差嗎？

——男女大腦結構差異與行為表現大不同

「陽至而陰，陰至而陽。日困而還，月盈而匡。」

——《國語·越語》

文人雅士群聚的巴黎左岸，一位大哲學家正在與人高談闊論。此時路旁有一對父子恰巧經過，大哲學家見到這對父子後，先是眉頭一皺，隨後就氣定神閒的跟旁人說：「這小孩是我兒子！」

請問，這位哲學家是小孩的什麼人？（假設牽著小孩的父親並沒有戴綠帽、小孩既非領養也確實是哲學家的親生孩子，哲學家也沒有咬文嚼字玩弄文字和語詞的定義。）

想到答案了嗎？如果讀者沒有在一秒鐘之內回答，那麼可能心中也有潛藏的刻板印象！

刻板印象讓你以為哲學家都是男性

上述問題的答案，我們現在就來揭曉。這位哲學家是……小孩的媽媽。沒想到嗎？你沒有想到答案的原因，是不是因為你刻板的認為：大哲學家都是男性？

在進一步探討男女刻板印象的原因前，先來看看一個更根本的問題：男女的行為差異從何而來？

直覺與經驗告訴我們，男女的身體結構和行為舉止有所不同。腦科學也告訴我們，男女的大腦結構亦有差別。然而，男女的差別究竟有多大，能否用單純的二分法做區分？男女的行為差異，真的是大腦結構差異所致嗎？

這些複雜又嚴肅的問題，我們現在就來一窺究竟。由於這些議題很容易引發爭議，所以先說結論，然後再細說分明。結論是：男女在生理和行為上確實有所不同，並且男女的大腦也有差異，但是目前沒有證據顯示男女的行為差異是大腦差異所導致。此外，男女的差別也不能用單純的二分法做區隔。更重要的是：男女的行為差異甚至有部分是因為刻板印象與歧視所導致。

從小就能看出行為和語言表現差異

首先可以確認的是，男女的行為差異確實存在，而且在很小的時候就可以見到差別。例如在個性上，十二個月大的男嬰喜歡汽車，女嬰則喜歡人偶娃娃（Jadva et al., 2010）。在語言發展上，女嬰一般較早說話，可使用的詞彙也較多。十六個月大的男嬰，平均大約可使用二十五個詞彙，女嬰則大約可使用九十五個詞彙（Carpenter et al., 1998; Fenson et al., 1994; Adani and Cepanec, 2019）。而且語言上的差異，似乎也延續到成年。一般來說，女性的詞語運用能力較強，例如在英文的填詞作業（像是在一定時間內盡量想出字母「N」開頭的單字）中，女性通常可以填出較多字詞（Gauthier et al., 2009）。相較之下，男性在某些空間作業上的表現則比女性好（Ferrini-Mundy, 1987; Hedges and Nowell, 1995; McGee, 1979; McGee, 1982; Richmond, 1980; Yang and Chen, 2010）。

男女的大腦結構與運作方式不同

男女除了行為有別，大腦結構和運作方式也有差異。懷孕約八週後的胚胎如果是男性，就會因為開始分泌雄性荷爾蒙，導致大腦發育的型態出現改變。此外，成年男性的大腦平均比女性大，杏仁核也比較大（Goldstein et al., 2001）。相較之下，女性的大腦則擁有比較厚的大腦皮質（Luders et al., 2006），以及較深的腦溝（Luders et al., 2004）。而在連結方面，女性兩個半腦之間的連結較強，男性則是半腦內的連結較強（Ingalhalikar et al., 2014）。

不同社會經驗形塑大腦神經結構

明白男女的行為和大腦差異後，接著要進入爭議的核心，探討兩個主要的可能誤解。第一個誤解，是以為男女的行為差異是因為大腦差異所導致。第二個誤解，是以為「平均上的差異」必然代表「類別上的差異」。

對於第一個誤解，我們首先必須明白一個事實，就是目前並沒有任何證據可以支持「男女的行為差異是因為大腦差異所導致」。很多人可能會在看到男女的行為差異與大腦差異後，直覺的認為一定是大腦差異而導致行為差異。然而，真實的案情恐怕沒有這麼單純。行為的差別，其實還是可能來自許多其他因素。

比方說，男女的行為差異，有可能是因為生物荷爾蒙的先天差別，才會導致個性和興趣不同。當男女的個性和興趣不同時，可能就會導致社會經驗不同，而這些社會經驗會形塑大腦，最後才產生神經結構上的差別。我們可以設想一種可能性，男女兩位嬰兒的大腦硬體結構在剛出生時可能相差無幾，但是因為荷爾蒙的差異，使得男童比較外向和願意冒險，而女童則比較謹慎細心。這種個性上的差異，將會導致兩人出現截然不同的社會經驗，男童可能會因此不斷參與戶外的體能和勞力活動，而女童則會參與較多的人際社交活動。最後這些社會經歷的差異形塑了大腦，因而導致大腦的結構變化。在這樣的情況下，男女的大腦差異不但不是導致行為差異的「因」，甚至可以說這是倒因為果的誤解，事實上是行為差異而導致大腦差異。

每個人都擁有男女人格特質

接著再來看看，第二個容易被誤解的男女本質。看到男女行為上的平均表現有所不同時，很多人會誤以為「平均上的差異」必然代表「類別上的差異」。然而必須注意的是，「平均不同」不必然表示「類別不同」。

舉例來說，美國數學家史賓賽．葛林柏格（Spencer Greenberg）在近期的一項研究計畫（ClearThinking.org）中，分析了一萬五千名受試者對自己的人格特質評分。研究中，每一位受試者都必須回報自己的性別認同，並且仔細針對六百項細部人格特質為自己打分數。結果發現，男女受試者在其中的十八項人格特質展現明顯差異。平均而言，在這十八項人格特質中，有些人格特質是在女性身上的平均評分比較高（例如同理心），有些則是在男性身上的平均評分比較高（例如對「性」的執著程度）。換言之，在這十八種人格特質中，有些特質比較偏向男性（較多男性擁有此特質），有些特質則是比較偏向女性（較多女性擁有此特質）。我們可以姑且把這些人格特質稱做是「偏男性人格特質」和「偏女性人格特質」。

然而，如果單獨看個別受試者會發現，沒有任何一位受試者擁有全部的「偏男性人格特質」，也沒有任何一位受試者擁有全部的「偏女性人格特質」。平均來說，雖然男性通常擁有較多的「偏男性人格特質」、女性通常擁有較多的「偏女性人格特質」，但是每一位受試者都是「偏男性人格特質」和「偏女性人格特質」的綜合體。

葛林柏格的研究團隊還發現，人們其實根本無法準確的透過人格特質來判斷對方的性別。如果把某位受試者的十八種人格特質評分攤在一般人眼前，然後要求他們猜測該受試者是男性或女性，那麼猜對的機率只有五八％，與隨機值相去不遠。

人類的腦與心智可能不是「非男即女」

同樣的，男女的大腦結構差異也是如此。以色列台拉維夫大學（Tel Aviv University）的達芙娜・喬爾（Daphna Joel）和同事發現，平均而言，雖然男性和女性兩個族群有大腦結構差異（例如男性有較大的杏仁核，女性有較深的腦溝），但實際情況就如同上述的人格特質，幾乎沒有人的大腦結構是清一色的「偏男性腦結構」或「偏女性腦結構」。每一位受試者的大腦，都是由「偏男性腦結構」和「偏女性腦結構」所組合而成的綜合大腦（Joel et al., 2015）。

打個比方來說，腦中所謂的「偏男性腦結構」或「偏女性腦結構」，其實並不像 Y 染色體或生殖器官那樣，可以作為定義生理性別的生物特質，而是比較接近身高或體重那樣的一般特質。平均來說，男性的身高比女性高、體重比女性重，但是我們不會因此主張身高和體重是性別特質。畢竟，高䠷和豐腴的女性大有人在。從這個角度來看，自然也不應該把「偏男性／偏女性腦結構」及「偏男性／偏女性人格特質」當成是定義生理性別的特質。因為我們每一個人，都是擁有各種不同「偏男性／偏女性腦結構」及「偏男性／偏女性人格特質」的獨特綜合體。

在這些科學顯示的新概念下，傳統形式「非男即女」的二分法，值得反思。

社會文化偏見與刻板印象影響男女行為表現

除了上述的錯誤迷思，男女的行為表現差異，也有可能是來自社會文化的互動，甚至可能是男性長期主宰社會經濟權力下的歧視結果。以下就用科學領域中「男多於女」的現象來解析。

如果查閱最近幾年的諾貝爾物理學獎得主，就會發現一個驚人的事實：清一色全都是男性。事實上，這樣的狀況還不是只有近年如此，自從有諾貝爾物理學獎以來，總共也只有兩位女性獲獎。無獨有偶，最近幾年的諾貝爾化學獎得主也全都是男性，自設獎以來總共也只有四位女性獲獎。而在STEM[1]領域，兩性比例不均等的現象一樣顯而易見。在這些數理工程領域，無論是上述提及的諾貝爾獎等級，或是博士級研究、碩士級研究，以及大學和醫學院，女性擔任教職的比例也都遠遠低於男性。這種男女比例不均的現象，不是只發生在教職領域而已，從這些學門中獲得大學學位的女性比例，其實都不到五〇%，在工程和電腦科學領域取得學位的女性，甚至只有約二〇%。

究竟是什麼原因，導致數理工程領域中的男女比例不均？第一種可能原因，就是最直覺，也是大家最常聽到的說法：男女有別。這種說法認為，男女在學術表現上的不同，是因為男性和女性的天生能力差異所致。然而這種說法的證據其實不多，在科學上也很難驗證，因此我們必須先對這個說法抱持懷疑態度。

第二種可能原因，是認為男女天生的能力差異不大，之所以學術表現不同，其實是個人的偏好，以及職業和生活型態等選擇所導致。比方說，女性可能比較偏好文法商，而偏好文法商並不代表女性的數理能力就不好，有可能女性的數理能力也很好，只是單純的更喜歡文法商而已。或者可能是因為社會的期待、自己的嚮往等其他因素，使得女性在家庭與學術事業的抉擇中選擇了家庭，所以最後才導致學術領域中的女性比例低於男性。

還有第三種可能性，就是因為社會的偏見或歧視，而導致學術領域中的女性比例偏低。換句話說，或許是因為學術領域中的前輩和師長對女性有偏見、或許是因為他們「刻板」的認為女性的數理能力表現比男性差，所以在面對女學生的時候，無意之間產生歧視，進而導致女性不容易進入這些領域，因此女性在這些領域中的人數才會遠低於男性。

不過，第三種說法事關重大，因為要指控他人心中擁有偏見，一定要有確切的證據才行。那麼對於第三種可能性，有沒有辦法進一步驗證？有沒有可能透過實驗，直接檢視並測試第三種可能性呢？有一種可能的測試方法，就是觀察學校老師對男女學生的評價。照理來說，如果老師對男女學生沒有偏見，那麼當男女學生的客觀書面資料相同時，老師對男女學生的評價也應該要一樣好，但是如果老師對男女性別有偏見，那麼在面對和評價不同性別的學生時，就可能出現重男輕女的現象。

為了檢視上述偏見是否存在，美國的心理學家可琳・摩斯拉克辛（**Corinne Moss-Racusin**）在二〇一二年進行了以下實驗。她找來了一百二十七位生物、化學，以及物理領域的學校教師或研究員，請他們針對前來申請實驗室助理的候選學生進行評分。這些老師們被分成兩組，他們收到的候選學生資料檔案一模一樣，但是其中一組老師所看到的學生名字是男生的名字（例如 **John**），另外一組老師所看到的學生名字則是女生的名字（例如 **Jennifer**）。在收到學生資料後，老師就必須針對候選學生的能力進行評分，然後決定是否錄用、錄用後的薪水，以及願意花多少時間栽培學生。結果發現，儘管學生的客觀條件一模一樣，但是當學生資料上的名字是男性時，老師會認為他們的能力比較強，而且也比較願意錄用，錄用後也比較願意投入時間栽培。除此之外，老師也比較願意給擁有男性名字的學生較高的薪水（比女學生高出四千美元的年薪）。這項研究甚至還發現，無論老師本身是男生或女生，都會對學生產生這樣的男女偏見。後續多項研究也發現，包括在數學領域求職、選擇是否錄取博士班學生，甚至是審查會議論文摘要時，都有類似的重男輕女現象。

由此可知，在特定學術領域中女性比例比男性低的現象，有部分原因可能是既得利益者或權力擁有者對女性的偏見和歧視所造成。這也表示，男女的行為表現差異，有時候可能不是來自先天的能力差別，而是後天的社會文化偏見與刻板印象所致。

「訓練效應」能消弭男女差異誤解

除了倒因為果和刻板印象，還有一些證據，也顯示男女的行為差異可能來自社會文化的形塑，而不是來自生物性因素。這些證據，就是那些可以消弭男女差異的「訓練效應」。

研究發現，雖然男性在心像旋轉[2]（mental rotation）上的表現優於女性，但是經過數週密集訓練後，女性的表現也會和男性一樣好（Moreau, 2013）。除此之外，雖然大家都以為男性的空間定位和找路能力較佳，但是在一些擁有特殊環境與社交資訊的場合中，女性的空間能力則會優於男性。例如在一項研究中，研究者要求男女受試者在傳統市場中記憶各種商品的位置，結果發現女性比男性更容易記得某些特定蔬果的販售地點。

另外一項關於語言的研究結果也發現，雖然女性比較善於言詞，但是女性的說話量並沒有多於男性。研究人員在男女大學生的身上安裝錄音機後發現，兩者的每日平均說話字數都是一萬六千字左右（**Mehl et al., 2007**）。大家之所以誤以為女性比男性更多話，其實可能是來自生活中的取樣偏誤。例如在日常生活中，可能較多男性參與勞力工作，因此不需要說太多話，相較之下，女性可能較常參與服務、協調或人際互動等相關工作，所以需要說較多話。因此，當我們在回想男性和女性的多話程度時，自然會誤以為女性比較多話。但實際上，當男性和女性都被安排在需要頻繁使用語言的環境（例如學校）時，兩者可能一樣多話。

這些研究顯示，男女行為差異不必然是先天的生物差異所導致。男女某些行為差異，有可能是因為社會活動的偏好，而導致女性不需要刻意發展此能力，例如女性可能因為從小就對戶外活動興趣缺缺，所以才沒有機會運用空間能力。男性看似話少，也有可能是工作性質所致。還有男性之所以空間表現較佳，也可能是因為較常練習的結果。此外，在進行空間作業的表現測量時，可能還要考量各種相關的環境因素、社交因素，以及實用因素，如此才能真實的捕捉到男女之間的可能差異。

還記得本章一開始的大哲學家故事嗎？許多讀者之所以猜不到大哲學家是孩子的媽媽，可能就是因為自己直覺的認為哲學家應該就是男性。這樣的直覺，有可能是因為歷史上的哲學家大多是男性，我們才會不知不覺的把哲學家和男性連結在一起。如此的直覺連結，甚至還有可能會進一步讓我們誤以為男性比較擅長哲學思考。一旦這樣的偏見形成並普遍流傳，就可能導致該領域的掌權者偏好錄取男性學生，而女性學生也可能會因為懷疑自己的能力而遠離該領域，最後導致哲學領域中的女性愈來愈少，形成惡性循環。

有鑑於此，我們應該時常檢視自己是否存在類似的直覺偏見，才不會在不知不覺中壓縮了某些族群在某些領域中的發展前景與權益。

1 STEM代表科學（Science）、科技（Technology）、工程（Engineering），以及數學（Mathematics）等四項領域，分別取其第一個字母縮寫做代表。STEM 教育的概念類似理工科，泛指數學、自然科學（理科），以及工程學（工科）等相關學科，與文科相對。

2 心像旋轉是指，透過大腦想像物體旋轉的模樣與狀態，屬於人類的基礎認知能力。

後記

人類的意識之謎

——腦科學對人腦與心智探索的意義

腦機介面，是腦科學未來的熱門應用。
也許借助腦機介面，人類不必說話就能交換思想，
不用耳機、音響也能直接對大腦做音樂串流。

玄之又玄，眾妙之門。

(The key to growth is the introduction of higher dimensions of consciousness into our awareness.)

——老子，《道德經》

說到人類的心智起源，其中的終極謎團，可能就是意識問題。

一九九二年，我透過數學與數理甄試進入台北市立建國高級中學，很慶幸當時有這個聯考以外的特殊管道，讓我避開了令人痛苦不堪的史地背誦課業。無奈的是，進入高中後，需要死記硬背的課目依然陰魂不散，彼時的我，無法明白自己為何要服膺這種填鴨式的學習方法，不願服從權威與凡事追根究柢的個性，讓我開始反省周遭各種事理，包括生命的意義與存在的目的。百思不得其解之時，我把大量時間投入閱讀課外書籍，特別是哲學和生物兩個領域。

我在當時認為，若要明白人類生命的本質，最佳的方法可能就是探究心靈到底是什麼，因為人類與其他無生命物質的最大差異，似乎就是心靈的有無。而探究心靈的方法，貌似有兩條道路可行，一是透過內省或內觀去省察自身心靈運作的方式，另一條路，則是透過科學去檢驗大腦與心靈的關係。因緣際會之下，我走上了第二條路。

我的想法很簡單，如果要透過腦科學去研究心靈的本質，自然是要鎖定心靈最重要的特質：意識。所謂的意識，指的是經驗感質（qualia），例如看見六百五十奈米光波時的紅色感受、被針扎穿手指時的刺痛感受，以及用舌頭舔任天堂卡匣時的苦味感受等。這些意識經驗如影隨形，它們在我們每日早晨清醒後出現、夜晚入睡時消失。從第一人稱的主觀角度來看，每個人對意識經驗都再熟悉不過，但是對於意識的客觀本質，卻始終無人理解。

人為什麼會有意識？它是如何產生？動物和胎兒有沒有意識？心靈與意識的

本質又是什麼？數千年來，許多偉大的哲學家和思想家都想解開心靈與意識之謎，然而直至今日，眾人仍是毫無頭緒。我很早就立下決心，如果一輩子只能追尋一件事，那嘗試解開意識之謎，就是我的目標。

而過去二十年，我也持續朝著這個目標，兵分三路推進、前進。這三個關於意識的主要科學研究方向分別是：

一、找尋「失去意識」後的大腦變化。

二、找尋意識「內容」變化時的大腦反應。

三、探究無意識的資訊如何被大腦處理。

以下就針對這三個方向，來幫大家逐一檢視其中一些有趣的重要發現。

關於失去意識

對於「意識的神經關聯」，最直接的研究方式，就是去觀察「失去意識」後的大腦變化，例如入睡後、全身麻醉後，或是植物人的大腦變化。目前許多研究發現都指出，意識有無的關鍵，似乎在於視丘與大腦皮質之間的連結。

視丘是大腦中央的資訊轉運中心，絕大多數的感官訊息，都會先經過視丘再進入大腦。大腦皮質，則是人腦最晚演化出來的大腦結構，許多重要的認知訊息，都會在大腦皮質中進行運算。多項研究的統計資料都發現，當視丘與大腦皮質之間的連結正常時，我們就會有完好的意識狀態，一旦連結受損或強度下降時，意識狀態就會異常甚至消失。例如在入睡後、麻醉中，以及失去意識的植物人腦中，都可以觀察到視丘與大腦皮質之間的活動由正相關變為負相關。

我的實驗室最近也找到了支持此現象的證據。二〇一九年，我的學生雍子鑫（Zixin Yong）博士發現，人類進入微睡眠（microsleep）的時候，視丘與大腦皮質之間的活動由正相關變為負相關（Yong et al., 2019）。微睡眠就是俗稱的打瞌睡，在打瞌睡的時候，眼睛通常會閉起，同時注意力也會渙散，此時的意識狀態也會暫時改變（接近消失）。透過功能性磁振造影，我們發現微睡眠時人類大腦皮質的活躍程度會上升，但是視丘的活躍程度會下降，兩者之間呈現負相關。此發現和前人的證據一致，都支持視丘與大腦皮質之間的活動應該和意識有關。

藉由腦造影技術來讀取視丘和大腦皮質之間的連結強度，科學家現在已經可以大致判斷一個人的意識狀態是否正常。在最近的研究中，科學家甚至還發展出另一套更為客觀的方法，來探測無法行動或說話的人（例如植物人）的意識狀態。例如加拿大西安大略大學（University of Western Ontario）的安卓恩．歐文（Adrian Mark Owen）就曾經在一項腦造影研究中，以語音指令要求全身無法動彈的植物人想像自己在「打網球」或「在家中走動」，然後看看他們腦中對應的腦區是否有活動。歐文認為，如果在聽到指令時對應的腦區仍有活動，就表示該植物人可能仍有意識，並可聽懂和執行指令。這項方法目前已找到一些大腦仍有反應的植物人，顯示出他們可能仍有意識。

上述的實驗方法，目前甚至也有研究團隊設計出一種應用方式，可在臨床上和仍有意識的植物人進行溝通。比方說，科學家可以要求植物人透過想像自己在「揮右手」或「踢左腳」的方式，來回答「是」或「否」。例如我們可以詢問受試植物人的名字是否為「小明」，以及是否住台北等一些我們已經確定知道答案的問題，然後要求受試植物人在答案為「是」時想像自己在「揮右手」、答案為「否」時想像自己在「踢左腳」。如果其對應的腦區都有正確反應，就可以判斷該植物人仍有意識，而且可以聽懂指示並執行命令。

透過這種研究方式，科學家將有更高的機會找出仍具有意識的植物人。在醫學方面，此結果將有助於家屬做出更適切的醫療決策；而在科學方面，和這些仍有隱藏意識的植物人進行溝通的夢想，也將逐漸成真！

關於改變意識

「意識的神經關聯」的第二個研究方向，是探索意識「內容」變化時的大腦反應。我們每天醒著的時候，意識經驗的內容總是會隨環境變動而不斷變化。例如當眼前的事物改變時，視覺意識經驗就會跟著改變，當音波變化時，聽覺意識經驗也會跟著改變。那麼當意識內容出現變化時，大腦中會發生什麼事呢？

回答這個問題的最簡單方式之一，就是把受試者放進腦造影的機器中，看看意識內容變化時，他們的大腦有何改變。為了盡量控制所有可能混淆的變因，科學家經常使用一種非常特殊的刺激方式來讓受試者觀看，這種刺激方式稱為「雙穩態錯覺」。在觀看雙穩態錯覺時，我們的意識經驗會在兩種不同的狀態中轉換，例如許多人應該都有在心理學教科書或網路上看過這種「雙穩態圖片」[1]，像是知名的「花瓶或雙臉圖」。在觀視該圖片時，我們可能會看到兩張臉，或是一個花瓶，而且每隔數秒，意識經驗就會轉換一次。利用這種特殊的視覺刺激，科學家就可以在刺激完全不變的狀態下，透過腦造影來觀察意識經驗內容變動時的大腦反應。

我的實驗室就曾經採用過許多種不同的「雙穩態錯覺」，來探索意識經驗內容變動時的大腦反應。以視覺意識來說，我們的實驗結果發現，視覺意識經驗內容和初始視覺皮質的活動有高度相關。例如在「知覺消逝」的視覺現象中，當受試者的眼睛保持凝視不動時，通常在幾秒鐘後，視野周邊的邊界模糊物體就會從意識經驗中消失，而在眨眼或稍微移動眼睛後，物體會再度回到意識經驗中。我們發現，人類初始皮質的反應和視覺意識經驗內容一致：當物體從意識經驗中消失時，初始皮質的反應會下降，當物體再次出現在意識經驗中時，初始皮質的反應又會上升（Hsieh et al., 2010a）。

無意識的刺激可以改變人類行為

「意識的神經關聯」的第三個研究方向，是探索無意識的資訊如何被大腦處理。數十年來，心理學家一直透過許多不同的「屏蔽」（masking）方法，將資訊以無意識的方式呈現給受試者，然後測量這些無意識資訊如何影響受試者的大腦活動和行為。例如快速的呈現一張圖片或文字，並在該圖片或文字的前後都加上雜訊，如此一來受試者就會看不到該圖片或文字。透過這種方式會發現，即使受試者對這些資訊沒有意識經驗，他們的大腦仍然會出現一些無意識反應，並且稍後的行為也會因此受到影響。

我們曾經透過名為「連續閃爍壓制」（continuous flash suppression）的屏蔽方式，來讓受試者看不見某些靜止圖案。「連續閃爍壓制」，是柯霍和他的學生土谷尚嗣（Naotsugu Tsuchiya）所開發的方法。土谷尚嗣和我年紀相仿，是我認識多年的好朋友，我們在博士班時期經常一起參加美國的視覺科學年會[2]（Vision Sciences Society, VSS），由於當時與會的亞洲人不多，對意識有興趣的人更是稀少，因此我們很快就成為無話不談的好友。

所謂的「連續閃爍壓制」屏蔽法，就是對受試者的其中一隻眼睛呈現強烈的閃爍圖樣，而另一隻眼睛則呈現不會變動的靜止圖案。在這樣的情況下，由於閃爍圖樣非常「吸睛」，大腦就會把大部分的資源用來處理這些閃爍圖樣，讓我們可以清楚的「看見」或「意識」到這些閃爍圖樣，而且這隻眼睛中的閃爍圖樣還會暫時「壓制」另外一隻眼睛中較不顯眼的靜止圖案，導致我們看不見該靜止圖案。在這個情況下，如果你問受試者看到了什麼，他們只會說自己看到其中一隻眼睛中的閃爍圖樣，至於另一隻眼睛中的靜止圖案，他們則毫無意識。

有趣的是，在「連續閃爍壓制」下，我發現當受試者根本看不見某靜止影像時，靜止影像中最顯眼的位置（例如一片綠色草叢中的一朵紅花）仍然會吸引大腦的注意力，並且提升該位置的視覺敏銳度（Hsieh et al., 2012）。由此可知，顯眼影像吸引大腦注意力的過程似乎不需要意識參與。

此外，我們的實驗室也測試了人類能否無意識的處理語言結構（語法）。在一項實驗中，目前任教於日本早稻田大學的洪紹閔博士測量了「突破屏蔽」的時間長短，並藉此推測大腦能否無意識的處理資訊。所謂的「突破屏蔽」，指的是在上述「連續閃爍壓制」的屏蔽方式中，被壓制的一隻眼睛遲早會突破屏蔽，讓受試者得以看見被壓制眼中的靜止圖案，而「突破屏蔽」的時間長短，則是指「究竟得花多久時間才能突破屏蔽」。能夠影響突破屏蔽時間長短的重要因素之一，就是靜止圖案的顯著性（顯眼程度）。一般來說，愈顯著的靜止圖案（例如熟悉的事物或臉孔）愈容易突破屏蔽。洪紹閔博士在實驗中發現，「不符合語法的語句」比「符合語法的語句」更容易突破屏蔽。這項實驗發現顯示，即使語句沒有被有意識的察覺，大腦仍然處理了這些資訊，因此突破屏蔽的時間才會有所不同。

在另一個也是由洪紹閔博士執行的實驗中，則是在受試者被壓制的那隻眼睛中呈現美麗或醜陋的臉孔。實驗結果顯示，美麗的臉孔能夠在比較短的時間內突破屏蔽。這表示大腦在無意識的狀態下，依然會處理眼前的臉孔資訊。我們還測試了形狀和聲音之間的關係，結果發現，當參與者被壓制的眼睛中看到的形狀和耳朵聽到的聲音特性一致時，更容易突破壓制。

我們甚至更進一步發現，被屏蔽的事物還會影響人類的眼球移動方式。在這項實驗中，黃瑜峰博士在螢幕上快速呈現了一些視覺刺激（圓形物體），並在緊鄰該刺激的前後時間點都加上雜訊，如此一來，受試者就會看不到該視覺刺激。結果發現，在受試者接受過屏蔽刺激後，儘管他們完全沒看見屏蔽刺激，但如果要求他們隨意把視線移向空間中的任何位置，他們仍有較高的機率會把視線移向那些屏蔽刺激曾經出現過的位置。

綜合上述研究，我們知道有些無意識的刺激可以改變人的行為，並且可以在腦中找到對應的神經活動。未來，希望能找出這些「無意識」的神經活動和其他研究中所發現的「意識的神經關聯」，究竟是分屬於不同的神經迴路，抑或只是同一神經迴路中不同活躍程度的展現而已。

意識能預測人類知覺與行為

讀者可能會感到好奇：意識研究除了是一個有趣的基礎研究主題，是否有任何實際應用價值？關於這個問題，答案是肯定的。意識研究，攸關著人類生活許多重要面向，包括行為預測、醫療，以及倫理法律等，都和意識的本質密切相關。

先來說說行為預測。剛剛已經看過不少「意識的神經關聯」的研究，這時讀者應該會想到一件事：如果已經可以在腦中尋找意識的神經關聯，是不是可以更進一步去找出能夠「影響」或「預測」意識經驗內容的腦區？更有甚者，能否找到預測人類想法或行為的神經活動？在影集《西部世界》（*Westworld*）中，曾經出現一個能夠透過大數據去預測每一個人類行為的超級電腦，現代的腦科學和行為科學，是否也有機會做到這樣的預測？

目前的研究成果，雖然距離準確預測所有人類想法和行為的那一天仍很遙遠，但人類有許多基本的知覺和決策內容，確實已經可以透過神經活動來預測。例如我們曾經藉由「雙眼競爭」（binocular rivalry）現象，去尋找腦中可以「影響」或「預測」意識經驗內容的腦區。在實驗中，我們讓受試者的一隻眼睛觀看臉孔圖片、另一隻眼睛觀看風景圖片，當雙眼所見的視覺刺激不同時，意識內容就會出現競爭：平均每隔幾秒鐘，意識內容就在臉孔和風景之間轉換。透過功能性磁振造影發現，當意識內容發生轉換時，除了初始視覺皮質會出現變化，還有其他幾個腦區也會活躍。例如當雙眼競爭的意識內容是臉孔時，大腦中的梭狀迴臉孔區（fusiform face area）會比較活躍，而當雙眼競爭的意識內容換成風景時，則是海馬旁迴景象區（parahipocampal place area）變得比較活躍。由此可知，梭狀迴臉孔區和海馬旁迴景象區似乎會分別「反映」出當下的意識內容是否為臉孔或風景。更有趣的是，梭狀迴臉孔區中的神經活躍形態甚至可以預測受試者幾秒鐘之後的意識內容（將會看見臉孔或風景）。此發現顯示出這兩個腦區的神經反應不只「反映」出意識內容，可能也可以「影響」意識內容。

神經活動除了可以預測意識內容，也可以更直接的用來預測人類的喜好和決策。例如在另外一項實驗中，我們讓受試者觀看許多抽象圖畫、並且一張一張的詢問他們是否喜歡。結果發現，在受試者看到圖畫的「數秒鐘前」，大腦前額葉的神經活動可以成功預測他們是否會表示喜歡（Colas and Hsieh, 2014）。在另一項功能性磁振造影實驗中，黃瑜峰博士讓受試者進行賭博遊戲，每一局遊戲都會提供兩種選項，其中一個低風險選項，是一〇〇%會獲得某個數量的金錢（例如有一〇〇%

的機率獲得四元）；另一個高風險選項，則是有較低的機率可以獲得較高的金錢（例如有五〇%的機率可以獲得八元和五〇%的機率獲得零元）。我們把兩個選項獲得金錢的期望值設定得非常相近，並要求受試者在兩秒鐘之內做出選擇。結果發現，在受試者看到選項的數秒鐘以前，透過大腦左側伏隔核（nucleus accumbems）和額葉中迴（medial frontal gyrus）的神經活動，也可以成功預測出他們的選擇（Huang et al., 2014）。

這些發現聽起來很神奇，但是讀者千萬別誤以為這是心電感應或特異功能。我們的發現只是顯示出，人類的行為決策會受到大腦中許多無意識訊息或雜訊的影響，只要透過儀器找出這些關鍵的訊息或雜訊，就有可能藉此預測人類的偏好與決策。

透過意識研究，預判醫療效果與學習表現

除了對人類當下知覺與行為的「立即預測」，關於人類未來行為表現的「長遠預測」，也是時下的熱門研究領域。對人類未來行為表現的預測，其實一直是醫療

領域至關重要的一環。由於每個人都有些許差異，因此同一種藥物或療法，不一定適用每一個人。個人化醫療，基本上就是希望針對每個人的個體差異，做出最好的醫療預判結果。以憂鬱症為例，約有三分之二的憂鬱症病患，無論採用何種治療方式都不會有效。美國國家衛生院（National Institutes of Health）在二〇〇六年完成的「憂鬱症序貫治療」（STAR*D）研究計畫中，曾經統計數千名憂鬱症病患的用藥後反應。結果顯示，大多數病人都必須先經歷一次或多次的治療失敗，才能找到適用的藥物（Sinyor et al., 2010）。而治療失敗不但會增加痛苦，也會使得病人放棄繼續尋求協助。有鑑於此，若能在治療前事先預測治療是否有效，將會對病人有很大的幫助。

為了檢視此法是否可行，美國麻省理工學院的研究團隊在二〇一三年發表的一項研究中，試圖預測社交焦慮病人對認知行為療法的反應。受試者在進行行為療法前，先觀看負面或中性的情緒表情，然後用功能性磁振造影記錄腦部反應。結果發現，如果病人在觀看情緒表情時，腦中負責處理臉孔等視覺物體的區域反應較強，他們之後的行為療法結果也會較佳。這種預測方法的準確度，是傳統方法的三倍（Doehrmann et al., 2013）。

在史丹佛大學進行的另外一項研究中，研究者試圖預測憂鬱症病人對於抗憂鬱藥物的反應。他們收集了病人早年所面對的壓力情況，然後再配合使用功能性磁振造影，記錄病人在觀看快樂臉部表情時的杏仁核腦區反應。結合這兩項資訊（病人早年的壓力經歷，以及其杏仁核腦區對臉孔的反應），研究者就可以成功預測抗憂鬱藥物是否對該病人有效（Goldstein-Piekarski et al., 2016）。

雖然近年來各種腦造影技術已開始被用來分析大腦神經活動，並透過演算法預測出對藥物或各種療法有不同反應的病人，但是這項研究工具是否適用於其他種類的精神疾病、或者用來預測病人的心理反應、或者更廣泛的被運用預測一般健康受試者對環境和人際衝擊的行為與心理反應，目前仍不清楚。有鑑於此，我們便在近期的一項研究中，找來健康正常的受試者，希望知道腦造影能否預測他們在日常生活中的學習表現。

在這項由林懿博士主導、和中央研究院曹昱研究團隊合作的實驗中，我們想知道：為什麼人類的學習能力有差異。我們除了想找出學習能力在腦中的神經關聯，更希望可以透過這些神經活動，預測每一個個體的未來學習表現。我們在這項實驗中採用了語音學習典範，也就是讓受試者學習許多帶有聲音雜訊的中文語詞，並記錄受試者的學習速率。在進行語詞學習前，我們先使用功能性磁振造影，掃描了受試者對於各種語音的腦部反應。結果發現，額下回（inferior frontal gyrus）的神經活動大小，可以預測受試者未來學習語詞的表現。這項研究告訴我們，腦造影技術不但可以用來預測人類對藥物和療法的反應，也可被更廣泛的應用於預測一般受試者的心理、行為與學習反應。理論上來說，只要能夠選對刺激材料和腦區，就能對人類的相關行為做出預測。

應用意識研究開發腦機介面，並預測語言內容

腦科學的另一個未來熱門應用，就是腦機介面[3]（brain-computer interface）。

讀者應該都知道伊隆·里夫·馬斯克（Elon Reeve Musk）除了特斯拉電動車和Space X太空探索，還有一間名為「Neuralink」的公司。這間公司的目標，就是要建立腦機介面，來對人腦輸入訊息，以及由腦向外輸出指令。馬斯克的夢想，就是希望有朝一日人類可以在腦機介面的幫助下，不用開口說話就能進行思想交換、不用耳機音響就能直接對大腦進行音樂串流。雖然這樣的未來仍很遙遠，但目前不少研究都已經露出曙光。

例如在我們近期的一項研究中，林懿博士透過結合腦造影和腦機介面，試圖在受試者開口說話前，直接透過他的大腦反應，來預測他即將說出口的語言內容。在過去的相關研究中，大部分的研究都是使用運動皮質中的神經活動來進行說話的預測，而且成效都相當不錯。然而，我們認為若要更精準的預測說話的內容，除了使用運動皮質中的神經活動，應該也可以使用和思考及語意有關的神經活動，來對說話內容進行預測。畢竟，說話時除了需要動用到運動皮質，說話前的思考也同樣重要。在這項實驗中，先把常見的中文字區分成一百一十九個類別，在第一階段，在受試者「觀視」這一百一十九類中文字詞時，記錄其大腦狀態。當這個神經反應資料庫建立後，我們便要求受試者「說出」這一百一十九類中文字詞。結果發現，我們可以用受試者在「觀視」這一百一十九類中文字詞時的神經反應資料庫，成功預測受試者即將說出一百一十九類中文字詞中的哪一個類別。這項實驗結果告訴我們，人類在說出話語前的神經活動，可以用來對話語內容做出準確預測。這一系列的研究成果，有望運用於建立腦機介面，以協助語言障礙者直接將腦中的神經活動轉換為語音或文字，達成無障礙溝通的目標。

意識研究與測謊

腦科學還有另外一項具有巨大實用價值的面向，就是測謊。在司法實務上，測謊雖然已經有長遠歷史，但是卻一直有些為人詬病的缺陷。例如過去大部分的測謊量測指標，大都侷限於簡單的生理變化（像是呼吸、心跳，以及膚電反應），雖然有些測謊工具會使用腦電圖（electroencephalogram, EEG），但是腦電圖在空間解析度與腦區定位上，仍然和功能性磁振造影有一段差距。有鑑於此，我們實驗室在最近的一項研究中，便試圖透過功能性磁振造影來協助找出與説謊有關的腦區。

在這項由馮彥茹博士所主導的測謊研究中，我們解決了過去測謊研究者所面臨的一些實驗難題。第一個難題，就是説謊所涉及的腦區，究竟是只和「説謊」有關，或是可能只和「困難的作業」有關。對大部分的人來説，説謊其實比説實話更耗費心力，因為和説實話相比，説謊時必須編織故事、猜臆對方想法，以及壓抑緊張的情緒等。也因此，透過腦造影所發現的説謊腦區，可能不單純只是和説謊有關，有可能也涉及了其他多種認知能力。第二個難題，是過去的測謊研究，通常會先在受試者內建立「生理反應資料庫」。一般來説，實驗人員會先透過詢問受試者各種問題，然後指示受試者針對這些問題刻意説謊或説實話，並同時記錄受試者的生理反應，以獲得受試者在説謊與説實話時的「生理反應資料庫」。未來當受試者在回答關鍵問題時，實驗人員就可以將受試者當下的生理反應和資料庫中的反應進行比對，藉以判斷受試者是否説謊。然而這個做法有許多潛藏的問題，例如「生理資料庫」中的說謊反應都是來自在聽從指示下的說謊行為，但這種說謊反應真的會和自發性的說謊反應一樣嗎？還有，來自某一位受試者的「生理反應資料庫」，能否套用在其他不同的受試者身上？如果不行，那麼實務上的應用價值可能就很低，因為現實世界中的嫌疑犯，根本不可能配合實驗人員建立「生理反應資料庫」，所以就會出現根本沒有資料庫可供比對的窘境。

為了解決這些難題，馮彥茹博士在研究中設計出難度相同的說謊情境和說實話情境。同時，她也收集了「指示性說謊」和「自發性說謊」時的兩種大腦生理反應。結果發現，透過我們所設計的指示性說謊作業，受試者的指示性說謊反應，可以被成功用來預測他在其他情境下是否有自發性說謊的行為。換言之，我們發現指示性說謊和自發性說謊的大腦生理反應，具有某種程度的相似性，因此可以被用來進行交叉比對。更重要的是，我們發現不同受試者在說謊時的大腦生理反應資料庫，也有相當程度的相似性。這項研究發現，讓我們可以使用來自某一群受試者的大腦生理反應資料庫，去對新的受試者進行測謊。換句話說，未來在面對嫌疑犯時，即使無法取得該嫌疑犯的大腦生理反應資料庫，也可以使用他人所建立的大腦生理反應資料庫，去對該嫌疑犯進行測謊。

雖然我們的實驗結果已經突破了過去的一些困境，但測謊仍有許多實作上的難處，例如真實世界中的嫌犯，通常會刻意在生理資料收集時和實驗人員「作對」，當嫌犯以這種不配合的「反測謊」方式面對測謊時，就會導致結果的可信度大幅下降。我們期望在下一階段的實驗中，能夠進一步設計出讓受試者無法刻意與實驗人員「作對」的檢測方法，讓測謊得以變得更有彈性及實用。

「意識測量儀」對人類未來的影響

意識研究的終極目標之一，就是要建立出客觀的意識測量判準，來協助我們判斷自己以外的事物是否也具有意識。如果能根據意識的神經關聯研究結果，建構出一套客觀的「意識測量儀」，那麼人們就能明確的判斷各種生物或物體的意識狀態。而這樣的知識，將會對人類的文明與社會倫理造成重大的衝擊和改變。例如當我們能客觀判斷植物人是否仍有意識時，家屬的醫療決策就會變得更加明確。當我們可以判斷胎兒是否有意識時，也會對墮胎的議題產生影響。當我們能得知其他非人類的動物或植物是否有意識或痛覺時，也可能會對動物的權益福祉產生深遠的衝擊。

不過對我而言，即使沒有這些醫療與實際應用價值，大腦與心智的探索之旅依然值得。因為探索意識，不但是對生命本質的探究，更是對自身存在的終極反思。意識的探求，將會是人類最偉大的一場科學盛宴。

---

1 編按：「雙穩態」（bistable state）是人類許多知覺錯覺的現象之一。是指在視覺刺激不變的情況下，視覺系統會產生兩種不同的知覺。

2 編按：視覺科學年會是視覺科學界最大規模的會議，每年固定在美國佛羅里達州舉辦。

3 編按：腦機介面，是指大腦與機器（例如電腦）之間的溝通介面。

附錄

居家互動實驗練習

練習一：概念發展測驗

如果讀者想知道，家中的嬰幼兒是否已有區辨某兩種事物的概念，那麼可以進行以下測驗。例如，如果想檢視寶寶是否可以區辨「狗」和「貓」的不同，那麼請準備二十二張圖片，包含十一張狗的圖片（分別為不同的狗），以及十一張貓的圖片（分別為不同的貓），以及一個馬表。

實驗場景一

選擇十張狗的圖片（狗一號到狗十號），依序展示給寶寶看（舉起第一張圖片給寶寶觀看一秒鐘，接著換下一張圖片再展示一秒鐘，直到十張狗的圖片展示完畢）。在第十一次時，同時舉起另外一張狗的圖片（狗十一號）和一張貓的圖片（任何一張貓的圖片皆可）給寶寶觀看，觀察寶寶對哪一張圖片的注視時間比較久。

實驗場景二

休息幾分鐘後，再重複上述步驟，但是展示貓狗圖片的順序對調。選擇十張貓的圖片（貓一號到貓十號），依序展示給寶寶看（舉起第一張圖片給寶寶觀看一秒鐘，接著換下一張圖片再呈現一秒鐘，直到十張貓的圖片展示完畢）。在第十一次時，同時舉起另外一張貓的圖片（貓十一號）和一張狗的圖片（任何一張狗的圖片皆可）給寶寶觀看，觀察寶寶對哪一張圖片的注視時間比較久。

互動練習與說明

在實驗場景一，如果寶寶觀看最後兩張圖片時，對貓的圖片注視時間比較久，然後在實驗場景二觀看最後兩張圖片時，對狗的圖片注視時間比較久，就代表寶寶已經可以區辨貓和狗的不同。

結論

一般來說，嬰兒已經具備某些知識和基本物理概念，可以通過測試。

如果寶寶仍無法區辨，也有可能只是對圖片的興趣不足，這時可以重複上述實驗場景一與實驗場景二的步驟，並且在展示前十張圖片時，試著加入聲音（可以模仿狗或貓的叫聲，以配合當下展示的圖片），以吸引寶寶的注意力，看看是否會有不同結果。

練習二：海盜測驗

拿出兩個玩偶，並將兩張衛生紙分別揉成團充當冰淇淋。表演以下的故事給家中三到五歲的小孩看，檢視小朋友是否已發展出心智理論能力。

實驗場景

第一幕：海盜一號出場。海盜一號喜歡吃冰淇淋，他把冰淇淋先放在桌子上，然後離開去廁所洗手，準備洗完手回來再吃。（海盜一號離開場景。）

第二幕：大風吹來，冰淇淋掉到地上。

第三幕：海盜二號出場。海盜二號也喜歡吃冰淇淋，他也把冰淇淋先放在桌子上，然後離開去廁所洗手，準備洗完手回來再吃。（海盜二號離開場景。）

第四幕：海盜一號回來了。他看著桌上和地上的兩坨冰淇淋，請問他會覺得哪一坨是自己的冰淇淋？

互動練習與說明

如果小朋友回答：「海盜一號會覺得桌上的冰淇淋是他的。」表示小朋友已發展出心智理論能力。這時候可以繼續追問小朋友：「為什麼海盜一號不會覺得地上的冰淇淋才是他的？」（訓練孩子解釋原因）或是「海盜一號原本的冰淇淋在哪裡？」（確定孩子沒有誤解問題）。

如果小朋友回答：「海盜一號會覺得地上的冰淇淋是他的。」表示小朋友尚未發展出心智理論能力。這時候可以繼續追問小朋友：「海盜一號知道自己原本的冰淇淋被風吹到地上嗎？」藉此引導小孩從海盜一號的角度思考問題。也可以問小朋友：「海盜一號離開的時候，他的冰淇淋在哪裡？」藉此確認小孩理解問題，記得海盜一號的冰淇淋原本擺放位置。

結論

一般來說，五歲時會發展出心智理論能力，並可以通過測試。

如果五歲前尚未通過測試，請不用緊張，靜待孩子自然發展即可。

如果五歲後仍未通過測試，請先確認孩子的聽力正常（沒有聽損）、對遊戲有足夠的興趣（有專心聽故事），並且具備充分的語言能力（確定有聽懂問題），如果孩子的聽覺、專心程度和語言能力皆無異常，可以聯繫家庭醫師進行後續觀察。

練習三：莎莉與安測驗

拿出兩個玩偶（一個取名為莎莉，另一個取名為安）、兩個盒子，以及一個小物品。表演以下的故事給家中三到五歲的小孩看，檢視小朋友是否已發展出心智理論能力。

實驗場景

第一幕：莎莉把小物品放進自己的盒子，然後暫時離開。（莎莉退場。）

第二幕：頑皮的安偷偷拿出莎莉盒子中的小物品，並且放進自己的盒子。然後離開。（安退場。）

第三幕：莎莉回來了。請問她會打開哪一個盒子找小物品？

互動練習與說明

如果小朋友回答：莎莉會打開自己的盒子找小物品，就表示小朋友已發展出心智理論能力。這時候，可以繼續追問小朋友：「為什麼莎莉不會打開安的盒子找小物品？」（訓練孩子解釋原因），或是「小物品現在在哪裡？」（確定孩子沒有誤解問題。）

如果小朋友回答：莎莉會去安的盒子找小物品，就表示小朋友尚未發展出「心智理論」能力。這時候可以繼續追問小朋友：「莎莉知道小物品已經被偷偷移動過嗎？」藉此引導孩子從莎莉的角度思考問題。也可以問小朋友：「莎莉離開的時候，小物品原本放在哪裡？」藉此確認孩子理解問題，記得莎莉的物品原本擺放位置。

結論

一般來說，五歲時會發展出心智理論能力，並可以通過測試。

如果五歲前尚未通過測試，請不用緊張，靜待孩子自然發展即可。

如果五歲後仍未通過測試，請先確認孩子的聽力正常（沒有聽損）、對遊戲有足夠的興趣（有專心聽故事），並且具備充分的語言能力（確定有聽懂問題），如果孩子的聽覺、專心程度和語言能力皆無異常，可以聯繫家庭醫師進行後續觀察。

練習四：公平的概念

準備四顆糖果、兩個盤子、一個馬表，以及兩個相同的玩偶。表演以下的故事給家中的幼兒看，檢視他們是否已經擁有公平的概念。

實驗場景

把兩個盤子分別放在兩個玩偶前方，然後讓幼兒知道你準備把四顆糖果分配到兩個盤子上。

分配的方法有兩種，一種是符合公平原則（例如：每一盤各有兩顆糖果），另一種是不符合公平原則（例如：一盤有三顆糖果，另一盤只有一顆糖果）。

在分配餅乾的時候，先不要讓幼兒看到你在每個盤子上放了幾顆糖果。比方說，你可以把要分配的糖果先握在雙手中，然後分別放在兩個盤子上方。

互動練習與說明

在張開手掌放下糖果的瞬間，按下馬表記錄幼兒的觀看時間。如果幼兒已經有公平的概念，應該會在發現不公平的分配情境時，出現較長的觀看時間。

結論

根據研究，十五個月以上的幼兒就已經擁有公平和不公平的概念，並且會對不公平的分配方法感到詫異，因此會對該情境有較長的觀看時間（Schmidt and Sommerville, 2011）。

國家圖書館出版品預行編目 (CIP) 資料

為何三歲開始說謊？：探究心智起源，解開 0-15 歲孩子的大腦與行為之謎／謝伯讓作 . -- 第一版 . -- 臺北市：親子天下股份有限公司 , 2023.07
296 面；14.8×21 公分 . --（學習與教育；247）
ISBN 978-626-305-543-8（平裝）

1.CST: 兒童心理學 2.CST: 兒童發展 3.CST: 育兒

173.1 112011198

學習與教育 247
為何三歲開始說謊？
探究心智起源，解開 0-15 歲孩子的大腦與行為之謎

作　　者｜謝伯讓
責任編輯｜蔡川惠、王淑儀
編輯協力｜周瑾臻
校　　對｜魏秋綢
封面設計｜Ancy Pi
內頁排版｜連紫吟、曹任華
行銷企劃｜溫詩潔

天下雜誌群創辦人｜殷允芃
董事長兼執行長｜何琦瑜
媒體暨產品事業群
總 經 理｜游玉雪
副總經理｜林彥傑
總　　監｜李佩芬
行銷總監｜林育菁
版權主任｜何晨瑋、黃微真

出 版 者｜親子天下股份有限公司
地　　址｜台北市 104 建國北路一段 96 號 4 樓
電　　話｜(02) 2509-2800　傳真｜(02) 2509-2462
網　　址｜www.parenting.com.tw
讀者服務專線｜(02) 2662-0332　週一～週五：09:00~17:30
讀者服務傳真｜(02) 2662-6048
客服信箱｜parenting@cw.com.tw

法律顧問｜台英國際商務法律事務所　羅明通律師
製版印刷｜中原造像股份有限公司
總 經 銷｜大和圖書有限公司　電話｜(02) 8990-2588

出版日期｜2023 年 7 月第一版第一次印行
　　　　　2023 年 10 月第一版第三次印行
定　　價｜450 元
書　　號｜BKEE0247P
I S B N｜978-626-305-543-8（平裝）

訂購服務
親子天下 Shopping｜shopping.parenting.com.tw
海外・大量訂購｜parenting@cw.com.tw
書香花園｜台北市建國北路二段 6 巷 11 號　電話｜(02) 2506-1635
劃撥帳號｜50331356 親子天下股份有限公司